国有建筑业企业改革

缪长江 著

中国财经出版传媒集团
中国财政经济出版社

图书在版编目（CIP）数据

国有建筑业企业改革／缪长江著．--北京：中国财政经济出版社，2020.7
ISBN 978-7-5095-9925-9

Ⅰ.①国… Ⅱ.①缪… Ⅲ.①国有企业－建筑企业－企业改革－研究－中国 Ⅳ.①F426.9

中国版本图书馆 CIP 数据核字（2020）第 132728 号

责任编辑：李昊民　刘孺泾　　　　责任校对：徐艳丽
封面设计：王　颖　　　　　　　　责任印制：张　健

国有建筑业企业改革
GUOYOU JIANZHUYE QIYE GAIGE

中国财政经济出版社 出版

URL：http：//www.cfeph.cn
E-mail：cfeph@cfeph.cn

（版权所有　翻印必究）

社址：北京市海淀区阜成路甲 28 号　邮政编码：100142
营销中心电话：010-88191522
天猫网店：中国财政经济出版社旗舰店
网址：https：//zgczjjcbs.tmall.com
北京财经印刷厂印刷　各地新华书店经销
成品尺寸：170mm×240mm　16 开　12.5 印张　144 000 字
2021 年 5 月第 1 版　2021 年 5 月北京第 1 次印刷
定价：50.00 元
ISBN 978-7-5095-9925-9
（图书出现印装问题，本社负责调换，电话：010-88190548）
本社质量投诉电话：010-88190744
打击盗版举报热线：010-88191661　QQ：2242791300

序

建筑业是国民经济的支柱产业,为国家社会经济发展提供了强大的物质技术基础。国有建筑业企业是建筑业发展的主导和支配力量,代表着行业先进生产力发展水平和现代建筑科技最新成就。国有建筑业企业的发展与建筑产业的兴衰成败息息相关。

在中国特定的历史条件下成长起来的国有建筑业企业面临的一项艰巨而特殊的任务是转换机制创新体制、成为合格的市场竞争主体。本质上,企业经营机制是指企业内在的机能及运行方式,核心是三项制度改革(分配、用工和人事)。企业管理体制是管理制度和管理方法的总称,核心是建立现代企业制度,理顺企业领导体制、组织体系和建章立制,确保企业规范运作。转换经营机制的目的是保持与市场经济的良好适应性,而改制的目的则是为企业适应市场变化需要提供体制保障。因此,体

>> 国有建筑业企业改革

制决定机制,并影响机制转换进程,而机制服从于体制并对体制产生反作用,企业对市场的适应性通过机制传导给体制,迫使体制进行改革和调整。两者相互依存、相互制约、相互作用和相互促进。

国有建筑业企业是建筑业先进生产力代表,是国家重点工程建设的主力军,是先进科技和现代化管理手段运用的先行者,是开拓国际承包市场的主导力量。其发展方向是站在行业宝塔型组织结构塔尖上的企业集团,形成资金密集、技术密集、人才密集、管理集约和投资建设一体化、多种产业一体化、国内国外一体化、设计施工采购一体化的建筑业龙头企业。

第一章 机　制

1.1　转换企业经营机制的难点 …………………………………………… 3

1.2　转换企业经营机制"三圈理论" ……………………………………… 10

1.3　转换企业经营机制内循环 …………………………………………… 16

1.4　转换企业经营机制外循环 …………………………………………… 24

1.5　转换企业经营机制综述 ……………………………………………… 30

第二章 体　制

2.1　企业改制难点 ………………………………………………………… 37

2.2　认识"误区"辨析 …………………………………………………… 41

2.3　企业改制重点 …………………………………………… 47

2.4　企业改制若干问题 ………………………………………… 55

2.5　企业制度创新逻辑思考 …………………………………… 65

2.6　现代企业与传统企业的比较分析 ………………………… 71

2.7　企业改制应遵循的基本原则 ……………………………… 79

2.8　国有资产管理体制和营运机制改革 ……………………… 87

2.9　公司制改组及运作 ………………………………………… 93

2.10　企业存量资产界定与工资含量节余分流 ……………… 99

2.11　企业产权重组与结构调整 ……………………………… 106

2.12　企业职工持股会建立及运作 …………………………… 116

2.13　企业冗员分流 …………………………………………… 122

2.14　企业办社会 ……………………………………………… 129

2.15　建筑业企业家的成长 …………………………………… 136

2.16　企业改制深化发展 ……………………………………… 142

2.17　项目法施工与现代企业制度 …………………………… 147

第三章　企业集团

3.1　发展的难点 ………………………………………………… 157

3.2　功能建设 …………………………………………………… 160

3.3　重点任务 …………………………………………………… 163

3.4　发展纵论 …………………………………………………… 169

3.5　组织结构调整 ……………………………………………… 186

第一章 机制

1.1
转换企业经营机制的难点

国有企业改革发端于分配、用工和人事三项制度，这也是企业经营机制的核心内容。以贯彻落实《全民所有制工业企业转换经营机制条例》的14项经营自主权为标志，国有建筑业企业推进经营转换取得了一些实质性的进展，在某些关键点上甚至有了一些重大突破，积累了一定的经验，但仍然存在力度不够、发展不平衡、不少企业进展迟缓等问题，突出地反映在下述几个方面。

1. 第一个问题：关于"换脑筋"

转换企业经营机制的关键是要改变人们的传统观念、价值观念、思维方式和工作方法，摒弃过去惯常的行为方式（即所谓的"换脑筋"）。人的价值观、人生观和世界观是经过较长时期的学习教育、生活磨炼和无数次摔打而逐渐形成的。另外，我们处在一个超稳态社会经济体制中和传统文化氛围的熏陶所养成的习惯势力惯性很强、积重难返，因此，"换脑筋"绝非易事。例如，对于人才流动的认识贬多于褒。随着三项制度改革的逐步深入，人才市场将得到迅速发展，人往高处走是客观的必然。人才流动机制的建立与完善不仅将撞开企业与社会进行人才双向流动的闸门，同时将促使人才各得其所、人尽其才、才尽其用格局得以形成，从而打破职业选择人、扼杀人的、潜在才能发挥的、企业自我封闭的人才壁垒。在一定意义上，人才流动是对传统人事管理制度的挑战，然而我们一些企业对此惶恐不安、绞尽脑汁、出尽花招、横加阻拦。显然，这种重堵塞而轻疏导的思维方式与"换脑筋"的要求是格格不入的，从效果考察"一堵一疏"则有天壤之别。要建立社会主义市场经济新体制，则必须建立生产要素市场与之相配合，而市场体系中不可能没有劳务市场。但社会主义国家的劳动力能否成为商品呢？长久以来，这个问题一直困扰着企业。这使许多企业改革搁浅。许多理论和实践工作者对此也是讳莫如深。原因就在于，未能摆脱僵化的传统劳资理论窠臼的羁绊。这实质上就是思想不解放，尚未"换脑筋"的基本标志之一。凡此种种，不胜枚举。上述两例表明，"换脑筋"将是人们思想体系的大调整、大改造，的确是非常困难甚至是非常痛苦的。在一定角度上，对某些人而言，"换脑筋"则具有某些悲剧色彩，它可能使那些墨守成规、抱残守缺，曾经一度被标榜为名家大儒之人因与现实激烈冲突的不可调和性而失去内心平衡，而且一夜之间变成文化乞丐。据此，我们可以断言，"换脑筋"将是十分严酷的。如果我们不能正视"陌生的世界"，脱胎换骨，以崭新的姿态和思想迎接这种挑战，那么其结果就不是"换脑筋"了，而是换脑袋、易人。那种逆历史潮流，抱着消极等待、观望态度的人必定成为时代的落伍者而被淘汰。这里给我们提出一个十分紧迫的任务就是，接受继续教育，吸取新的养料，充实和完善自己，成为时代所接受的新人。

如何衡量"换脑筋"，我以为至少有如下几个标准。

（1）破除"左"的积习、旧的观念，挣脱传统僵化理论藩篱的束缚。

（2）树立强烈的市场经济观念、风险意识、竞争意识明显增强，以全新的思路开拓新的工作局面。

（3）有强烈的创新意识，标新立异，敢为天下先，注重工作效率。

（4）充分运用价值规律，重视投入产出效益，推动经济发展迈上新台阶。

2. 第二个问题：关于企业面临的双重障碍

目前，有一种十分流行的观点是，企业转换经营机制的前提条件是政府首先转变职能。这个观点本身无可指责，但一些企业曲解了它的本意，因而放慢了自身改革步伐，过分依赖于政府职能转变，无意识地强化了业已存在的"下面等上面、地方等中央、企业等政府"的不良倾向。毋庸讳言，受过去长达数十年传统的高度集中的计划经济管理体制熏染和束缚，企业惰性很强，有"等靠要"思想，无条件地盲从行政指令习以为常，积重难返。期望政府职能转变了，天上就能掉下馅饼，企业自然而然就能适应市场而转换其机制。这种观念一方面将深化"等靠要"思想，成为培养企业自主经营、独立思考、应付市场急剧变化形势的严重思想障碍；另一方面，一旦政府职能转变，通过强化宏观调控措施和手段规范市场行为，而企业没有一个健全完善的经营机制而被迫进入市场并不能对自身行为进行约束、瞎碰乱撞，那么企业将因为难以适应优胜劣汰的竞争规律而蒙受惨重损失。自觉地大步走入市场与被推进市场其结果大不一样。实际上，企业转换经营机制和政府转变职能是内因与外因的辩证关系，政府职能转变是条件，企业经营机制转换是根本，政府职能转变要通过企业机制转换而起作用。显然，我们应坚持"两转并举"，而且企业本身，更应该强调充分发挥主观能动性。总而言之，必须强调两者同步进行，保持在终点上达到同步到位，只有这样，才能达到预期目的、收到预期效果。

以上是企业外部环境（即政府职能转变）对企业转换机制的制约。企业内部管理体制对经营机制转换也有制约。转换企业经营机制是热点课题，历史赋予了它重要的地位，因而被一些喜好舞文弄墨之人认为是能治百病的神丹妙药，如不少人提出非经济组织（如学术研究机构）也要转换经营机制就是一例证。一些人有意无意地混淆管理体制与经营机制界线,把两者混为一谈,甚至将两者本末倒置,似乎只要企业经营机制转换了,企业的一切问题就迎刃而解了。企业作为一个有机体,企业经营机制是与生俱来的,只是过去适应的是高度集中的计划经济管理体制。我国经济体制改革目标是建立社会主义市场经济新体制,企业转换经营体制是为了适应这个新体制的要求,保持与市场经济的良好适应性。从这个意义上讲,体制是制约机制的决定因素,并且影响机制转换的进程,当然机制对体制也有反作用,在此暂不讨论。企业管理体制是管理制度和管理方法的总称,包括领导体制、组织体系、权限划分、功能调节、监督方法等整个体系实行管理规范和制度化,具有明显的相对稳定性和直观性;而企业经营机制是指构成经营各要素之间相互制约、相互联系、相互作用的关系,或者说是企业内在的机能及运行方式,具有较大的可变性和内在的隐蔽性特征。因此,将两者混为一谈,甚至将管理体制包含于企业经营机制之中的观点在理论上是错误的。

在明确了管理体制决定经营机制的前提下,关于"施工企业以项目法施工作为经营机制转换突破口"的是非争论自然被引出。有人称上述命题是一个误区,笔者不敢苟同。这里关键是涉及对项目法施工内涵实质和外延范畴及其历史地位作用的理解。从本质上讲,项目法施工要求以工程项目为对象,实行项目经理责任制,以合同管理为主线,以两层分离为特征,以企业内部模拟市场体系的培育和建立为保障,以广泛采用现代科技成果和管理方法为手段,实现生产要素的优化配置和动态管理,以达到提高投入产出效益的目的,从而促进和带动企业管理体制变革,形成综合配套、整体联动的改革态势。它本身是一个复杂的系统工程,涉及企业内部方方面面。显然,项目法施工是以包含了企业管理体制综合改革和经营机制转换为目标取向的,它与并不必然要求企业内部体制变革，只是单纯地就一个具体项目实现优化管理的项目管理是不同的。从时空上看，有建设任务，项目管理就有存在的必要。而项目法施工是一个历史的过程，一旦企业管理体制调整好、经营机制能够适应市场经济的要求、具备了企业自动调节功能，其使命也就完结了。由此可见，对项目法施工意义和作用的误解，是缘于把它等同于项目管理，因此把企业经营机制转换迟缓的责任归咎于项目法施工是不公平的。

3. 第三个问题：动态地认识企业经营机制

企业经营机制是一个动态的概念，原因在于企业经营机制是与市场相联系的，市场是不断发展的。今天已有的市场明天可能就会消失，而今天没有的市场则可能在明天被创造出来。因此经营机制需要不断地调整并与之相适应。就建筑企业转换机制来讲，建筑企业应当密切注视国家重大举措出台和形势发展变化，乃至关心国际市场演变趋势，因为它们都可能波及和影响建筑市场发展，当前来看至少有四个较大的动向值得我们研究反应。

第一，政府和全民所有制企业投资的建设项目，除非经营性项目外，原则上都应实行项目业主责任制（即由业主对建设项目的筹划、筹资、设计、建设实施直至生产经营、归还贷款以及国有资产的保值、增值的全过程负责，并且承担投资风险）。这是投资领域中的重大改革，对建筑业的冲击和影响将会是深远的，尽管它的全部内容尚不清楚，我们还难以做出全面准确判断，但如下影响无疑是存在的：它增加了买方的权利，使建筑业依附地位难以改变，会严重阻碍建筑商品价格机制的形成，同时会影响建筑行业总体改革方向，对建筑商品需求市场的形成也将造成严重制约，进而危及建筑业在国民经济中支柱产业地位的确立。

第二，我国恢复关税和贸易总协定缔约国地位，是一个难得的机遇，但也为我国带来严峻挑战，恢复世贸组织席位意味着我国经济将置于世界经济格局之中，我国企业将面临直接的国际市场的激烈竞争，这迫使企业按照国际的标准体系、市场需求、价格标准和营销惯例来组织生产经营活动，这不仅要求我国现行体制必须与以市场经济为主的国际经济体系相协调，加速政府职能转变，加快投资体制、贸易体制、价格政策和财税金融体制改革步伐，而且还要求企业必须按照社会主义市场经济要求，让市场对企业发挥主导作用，促使企业自主经营、自负盈亏。建筑业因与国民经济有着近似的结构一致性特征，国民经济的发展不可能不波及建筑业，因此广大建筑企业尽快转变经营机制，以更好地迎接国际竞争。

第三，自1992年9月1日起，全国500多种生产资料价格放开，并且取消了原油、钢材、生铁、铜、铝等计划生产资料全国统一最高出厂或售销限价。这揭示了价格双轨制向以市场调节为主的单轨制过渡进程加快，也表明接近市场均衡价格体系的距离正在缩短，这种企业价格机制的变化将直接影响建筑材料市场价格的变化。由于一段时期内国民经济将保持高速增长势头，受国民经济周期波动影响，基建投资热度短期内难以降温，极有可能投资膨胀导致供需失衡，造成工程成本上涨，对此企业应有所预见、搞好市场行情分析，并采取必要的预防措施以灵活的机制与之相协调。

第四，"公司热"现象。尤其是由于政府职能转换、机构改革、冗员裁减，一大批政府公职人员将投身实体企业。如雨后春笋般涌现的企业参与市场竞争，会加剧竞争的激烈程度。更重要的是，它将改变社会资源的配置格局，引发生产资料市场价格跳动，改写建筑产品成本数。令人担忧的是，如果官商合一和官转商办企业继续保持与原政府部门千丝万缕的联系或至少在短期内难以完全割断与原政府部门联系的"脐带"，这样会导致市场主体之间地位的倾斜，直接影响市场竞争的公平性，推迟市场行为规范化进程，进而影响企业转换机制的步伐。

显然，企业经营机制的转换由于受诸多因素制约不可能一蹴而就，即使是实现了第一次转换，也不可能一劳永逸。随着时间的推移和市场环境的变化，我们还需要不断调整、修正。因此，企业经营机制的"调整—适应—再调整"的循环运动，也是永不休止的，只要我们坚持了以动态的观点认识企业机制并把握经营机制调整的主动权，我们就能够对风云变化的市场中应付自如。

1.2
转换企业经营机制"三圈理论"

企业经营机制是指企业机体经营活动各构成要素之间相互依存、相互影响和相互制约的关系，以及相互协调运转、灵敏反映外界变化、有效进行生产经营活动的机能。简言之，企业经营机制是指适应市场经济的企业内在机能及其运行方式。其内容包括：

（1）企业经营机制要强化调节企业经营活动，使其成为与外界环境相适应的动态平衡机制能。

（2）建立协调和高效运转的组织领导机能。

（3）建立正确体现物质利益激励的分配机能。

（4）建立推进管理走向科学化、规范化和现代化的管理机能。

（5）建立自觉保证企业运行目标不偏离的调控机能。企业经营机制转换依据《中华人民共和国企业法》。转换目的是使企业成为自主经营、自负盈亏、自我发展、自我约束的社会主义商品生产者和经营者，成为具有一定权利和义务的经济实体。转换核心是坚持责权利相统一，实现企业自主经营和自负盈亏。

企业经营机制转换有内部和外部两个方面的条件，企业与社会难于直接进行物资能量交换，这就需要有一个过渡阶段。我们假设有三个圆环（即大环——社会、中环——企业、小环——工程项目），先通过中环、小环的循环，创造经营机制转换的内部条件，待外部环境改善、时机成熟后，再平稳过渡到中环、大环的循环，最终实现企业经营机制转

1.2 转换企业经营机制"三圈理论"

换目标。

项目与企业循环的实质是企业内部体制的改革与调整和内部机制的建立与完善。破除"一大三铁"只是企业经营机制转换的重要组成部分之一，而非企业经营机制转换的全部内容，但其意义远远超出机制转换本身。因此，破三铁起点要高，视野要宽广，但落脚点还是要从项目起步。就项目环节来讲，当前主要是巩固和发展前一段施工管理体制综合改革的成果，坚持推进和深化项目法施工。在严格执行项目法施工的基本规则和要求的基础上，需要补充和深化的主要内容如下所述。

通过竞争优选项目经理，坚持责权利相统一原则，保证对项目经理充分而完整的授权。通过法人委托书形式，明确项目经理就是企业法人代表在项目上的代理人，可以独立自主地开展生产经营活动。

以项目经理为首的项目领导班子，在以"乌纱帽"为风险抵押的同时，还应承担项目亏损一定比例的有限责任，并在盈利时享受与有限责任相对等的利益分成。要提倡重奖重罚，"奖要奖得心里发烫，罚要罚得刻骨铭心"。

全部项目管理班子成员，不论资历学历、现任职务、干部身份还是工人身份，一律由项目经理根据其工作能力实行聘任制。聘期与工期相适应，基本工资一律转为档案工资，按岗定薪定奖，收入与岗位相对应。

操作人员（包括自身和外联）由项目经理挑选，实行优化组合和动态管理，有活则进，无活则退。工资、奖金和各种福利待遇捆绑在一起，实行有定额的计件工资制。根据效益情况上下浮动，上不封顶，下不保底。

分配向项目倾斜，激励措施也向项目倾斜。在项目圈内的职工收入可以高出圈外职工数倍，创造企业内部"小特区"。项目上形成干部能上能下，收入能升能降，职工能进能出的弹性运行机制。

企业环的重点任务是进行组织结构、经营结构和劳动力结构调整，逐步实现由粗放经营向集约经营转变，由速度增量型向质量效益型转变，由投入主导型向科技进步主导型转变，由劳务密集型向技术密集、智力密集型转变。发育形成企业内部模拟市场体系，成为项目弹性机制建立的"储水池"。其主要内容如下所述。

（1）面向市场，面向项目，转变观念，树立强烈的竞争意识和危机意识，把施工管理体制综合改革与转换企业经营机制和打破"一大三铁"结合起来。强化企业经营活动的调节作用，逐步建立起能灵敏反映外部环境变化，并与之相适应的企业动态平衡机能。

（2）精简机构，裁减冗员，转变职能。根据方针目标管理理论，建立起协调和高效运转的组织领导机能。多级法人制企业应逐步向一级法人制过渡，机关部分的经济职能部门和跨地区的经营部应逐步向事业部制过渡，彻底消除行政性管理机构的经营职能痕迹，逐步使企业真正成为具有一定权利和义务的经济实体。

企业内部模拟市场体系的建立。劳务市场建设应加快步伐，自有队伍的调整应按照各工种的不同性质和特点进行，分解重组队伍应符合专业化发展需要。同时要搞好劳务基地建设，培育企业稳定的劳务协作关系。企业劳务市场主要服务于工程项目，是项目劳务需求的供给者，也是项目劳务流出的"储水池"。企业通过企业劳务市场的调节，达到项目劳务供需平衡。

（1）资金市场：当前比较成功的做法是建立"内部银行"。一方面企业可以聚集有限的资金，以企业作为投资主体开创新事业；另一方面企业可以通过内部银行在工程备料款、进度款拨付滞后时，在项目之间进行资金调剂，保证项目正常施工；但是，不能因此而侵夺项目必需的一定资金控制使用权。

1.2 转换企业经营机制"三圈理论"

（2）设备租赁市场：不排除项目拥有一定量的小型机具的必要性，但大中型设备则应通过租赁形式在企业内部平衡调剂。这能减少企业投入、减少项目成本支出，也有利于提高设备利用率。

（3）材料期货市场：项目是短期的施工生产，不可能过多地储备生产资料。而作为一个企业特别是大型施工企业则有可能因避免价格波动和短线物资供不应求而适量地储备。因此，企业应主动服务于项目，除按质按期供应必要的物资外，应对市场材料价格、质量、产地等提供咨询服务。技术、信息等市场也是市场体系中不可缺少的组成部分，应按轻重缓急逐步建立。

努力发展多元化经营，为企业富余人员开辟新的就业渠道，缓解企业隐性失业压力。经营结构调整应重点搞好存量资产调整，正确引导存量生产要素的流向。增量投入必须经严格的可行性论证，自觉运用规模收益递增规律，取得规模经营效益。

为提高管理效能，企业应遵循管理闭合原理，建立自觉保证企业运行目标实现的调控机能，使企业机体经营活动各构成要素之间相互协调，形成有序的企业经营运行机制。

企业组织经济与社会的双重职能逐步分离，对具有综合功能的后方基地实行属地社会化管理，待条件成熟后逐步向社会过渡，移交地方政府，而地方可以通过增加赋税予以补偿。项目环与企业环的循环目的在于创造一旦外部环境改善，就能够较快地完成企业经营机制转换，将企业推向市场这样一种过渡形式，而不是单纯依靠企业内部条件的改善就能够使企业获得经营机制转换的成果。企业与社会是内因与外因的辩证关系，这样做的原因是当前社会环境不利于企业挣脱产品经济体制下所形成的原有机制运行的惯性。由此可见，外部环境是制约企业转换经营机制的主要矛盾，因此大力改善外部环境是当务之急。

>> 国有建筑业企业改革

社会环的主要任务是在政府和企业之间形成以市场为纽带的媒介。政府职能是制定经济和社会发展战略、方针和产业政策，控制总量平衡，规划和调整产业布局，运用利率、税率、汇率等经济杠杆和价格政策来整顿市场秩序、制定市场规则、规范市场行为。由市场来调控和引导企业经济活动，逐步建立计划经济与市场调节有机结合的运行机制。其主要内容如下。

落实《中华人民共和国企业法》，还权予企业。按照政企职能分开、所有权与经营权分离的原则，强化市场宏观调控，通过市场引导企业步入自主经营、自负盈亏、自我发展和自我约束的运行轨道，成为责权利相统一的相对独立的经济实体。

大力推进税利分流，离析政府的行政管理和国有财产所有权代表的重叠职能。实行分税制，统一不同经济成分税制，减轻国有企业税费压力。特别对国有大中型骨干企业应实行"休养生息"政策，以增强其自我积累、自我发展能力。

股份制将是未来我国企业普遍采用的最基本的组织形式。这种新型的产权制度的建立，是企业走向自负盈亏道路的必然要求。因此，就政府来讲，政府应尽快就此及其相配套的有关经济活动进行立法，扩大股份制试点覆盖面，培育形成股票市场和有价债券市场，为股份制的大面积推进创造条件。

加快双轨制向单轨制过渡的进程，使市场逐步向规范化方向转变。在改革价格比价和价格形成机制的基础上，价格信号能够比较客观、准确地反映供求关系，调节供需平衡，推动企业通过市场的公平竞争而实现优胜劣汰，逐步形成社会资源合理配置和有序流动的机制。

加快市场体系的发育形成，建立和完善平等竞争、规则健全的统一市场。完善区域性生产资料市场、劳务市场、资金市场、技术市场和产

1.2 转换企业经营机制"三圈理论"

权转让市场,加强市场管理。汇集经济信息,开展技术培训,为企业决策和经济活动提供信息和咨询服务。

建立和完善社会保障体系,建立基本养老保险、企业补充养老保险、职工储蓄养老保险相结合的制度。建立和完善待业保险制度,保证待业职工基本生活水平,提供转业培训机会为其再就业提供帮助。建立和完善医疗保险制度,并逐步实现工伤保险。

国家和地方政府承担各种社会服务职能,如企业的有关社会生活设施、通信、交通、医疗、学校、公共服务等福利及其娱乐场所建设和管理。建立劳动争议仲裁制度,及时妥善处理劳动纠纷,协调企业与其他单位的关系,维护企业合法权益。

围绕企业经营机制转换,进行计划、财税、投资、金融、外贸、物价、劳动工资等方面的配套改革。尤其应对已出台的国家、部门和地方政策和法规进行认真清理,有碍于企业经营机制转换的应予以废止或修改。建立国家直接调控与间接调控相结合的,以间接调控为主的宏观调控体系,并完善经济监督体系。

企业内部机制转换在当前的重点是进行分配、用工和人事三项制度改革,尤其要加大分配制度改革力度,这是影响企业经营机制转换的关键。通过项目和企业两个圈的循环,特别是建立企业内部模拟市场运行,逐渐逼近转换目标。但企业经营机制是否真正转换,尚需通过企业对市场的适应性、企业与社会能否形成良性循环来验证。因此,在企业内部先行动起来的同时,社会环境的改善必须同步跟进,力求在终点上达到同步到位。当企业通过改革具备了转换的内部条件和基础时,外部条件和社会环境的充分改善,才可能为进一步的改革提供坚实的支持,进而使企业真正成为充满生机和活力的社会主义商品的生产者和经营者。

1.3 转换企业经营机制内循环

上文论述了鉴于建筑企业内部条件和外部环境的约束，目前可以采取"三圈循环理论"这种渐进式的过渡方法来逐步实现企业经营机制的转换，本书将侧重就"小圈"（项目）和"中圈"（企业）的循环展开阐述。这里主要讨论管理体制改革、项目法施工和股份制试点三个问题。

1. 第一个问题：关于管理体制改革

中圈、小圈的循环实质是企业内部施工管理体制的综合改革与经营机制的调整与完善。一些企业转换经营机制遇到的主要障碍是体制的掣肘。从体制和机制的相互关系考虑，管理体制决定经营机制，有什么样的管理体制就有什么样的经营机制，经营机制反作用于管理体制。经营机制在一定条件下可以推动管理体制的变革。

首先，改革的实质是改革人，特别是改变各级领导，尤其是企业主要领导的传统观念、思维方式、价值观念和工作方法，使他们放弃过去习惯的行为方式。改革的成败，一个人、一个部门的作用可能不大，但人的群体、广大民众的态度的影响则至关重要。30余年的高度计划经济模式培养了人们普遍习惯于接受行政命令，而不习惯按经济规律办事；因此，必须对长期以来适应高度集中的指令性计划工作的机构进行改革和调整，以适应市场、增强企业活力、提高企业效益；而应为每一个人提供足够的动力和压力,使其具有创业精神树立强烈的竞争意识,以承担更多经营风险。

其次,改革企业管理体制。现行施工企业大多实行三级管理体制,这种体制已不能适应迅速发展的商品经济的需要。施工企业管理体制改革应向动态管理体制演化,企业层次应建立适应生产要素在项目上流动的一级动态管理机构,从宏观上保证人、财、物、技术、信息等各生产要素的均衡分布和有效调剂。为此企业体制改革的方向如下所述。

第一,改革公司、工程处和施工队的建制,以原公司为基础,通过分解重组、优化组合和资源的合理配置,并吸纳处、队两级管理、技术人员,形成以新的公司为核心的管理层次。剩余人员形成劳务层次。

第二,公司管理层次部门设置分为职能部制和事业部制两类,主要职责经营战略决策、宏观调控、企业法律建设、派遣项目管理班子,对项目合同监督和项目工资奖金总额控制,形成投资、利润、科研、培训中心,建立模拟市场体系。因此,当前首要任务是建立和完善劳务市场、材料市场和资金、技术市场。

第三,劳务层次负责提供项目需用的技术劳务,应按照专业化发展要求,成立若干专业化队伍,同时负责外联队伍的引进及管理。管理层与劳务层在财务上实行"分灶吃饭"。

第四,改革现场施工管理体制。

(1) 推行项目法施工后一部分工程技术人员将流向项目。因此,项目应充分利用这种变化的有利形势,在执行项目经理负责制的同时,实行专业技术工程师负责制,即项目设综合工程师为项目技术总负责人,根据项目规模、工艺复杂程度、技术特点等设若干专业工程师(如木工工程师、钢筋工程师、测量工程师、设备工程师等),由工程师负责该专业工程的技术工作,而工长则按本专业工程师意图负责技术方案的组织实施和劳务的组织与管理。

(2)项目要尽可能精减人员,不设项目副职。如果考虑项目经理管理跨度大,需分权时则可设项目经理助理。项目经理助理可负责工程施工以外的一切事务,包括思想工作、后勤服务和职工的文体娱乐活动的组织等。

(3)班组的编制应视工程机械化程度高低而定,一般能保证人机匹配即可,还要考虑工程性质和特点,不搞大班制,这样有利于提高劳动力利用率。

2. 第二个问题:关于项目法施工

实践证明,项目法施工推动了生产力的提高,促进了施工企业管理体制的变革和经营机制的转换,为行业的总体发展发挥了积极的促进作用。但是,有不少企业项目法施工尚在浅层次、低水平的阶段徘徊,没有取得重大突破,没有达到预定目标。其原因是复杂的。考虑到我国经济、社会、文化和历史的背景,我认为,目前的要点是对项目法施工进行规范和进一步发展。

首先,制定并贯彻有关法规,逐步将项目法施工纳入规范化、标准化、法规化和程序化的轨道。当前一些企业在推行项目法施工过程中随意发挥,各行其是,扭曲了项目法本意。项目经理权力不完整,或不落实,或根本没有权力,徒具虚名。施工人员成建制涌入。项目未能实行优化组合和动态管理,项目中"吃大锅饭"现象仍存在,未能实现独立核算。有的企业推行项目法施工不仅未能触及体制改革和机制转换,而且在原有体制上受工程队限制又增加了项目层次,变成了四级管理体制,旧体制非但未被削弱,而是加强了。鉴于此,当务之急不是增加试点项

1.3 转换企业经营机制内循环

目,而是要迅速地制订把有关法规(哪怕是暂行规定也好),如《项目法施工规范办法》《项目经理管理办法》《项目法施工合同管理规定》《项目法施工操作程序办法》以及资金、材料、设备、技术、劳务等配套政策。在实践中,我们用这些法规来规范和完善项目法施工,同时检验和完善这些法规。可以设想,如果用一定的时间把这个基础打扎实了,那么转换企业经营机制就有了坚实的基础。

其次,加强项目法施工的理论研究。项目法施工既是体制改革的突破口,也是经营机制转换的顶头阵地,那么如何将体制改革和机制转换结合起来、如何通过项目法施工在推动体制变革同时能够促进机制的调整与完善呢?这是实践的问题,更是理论的问题。目前,项目法施工与体制的关系在理论上取得了一致的共识,而且不少企业经过实践也探索了可资借鉴的成功经验,但项目法施工与机制转换不仅理论研究比较薄弱,而且实践中面临许多棘手问题。例如,"干部能上能下"由谁来考核项目经理的政绩,谁又来决定项目经理的任免,在人事问题上"用、管"脱节。例如,转换经营机制涉及组织领导机能建设,一方面项目组织要符合精干高效满负荷原则,另一方面项目组织又设置了一定的非生产机构和人员。这是否有利于提高生产力水平?例如,对于职工能进能出,企业在项目上通过建立企业模拟劳务市场可以实现劳务的动态组合和管理,缓解劳务与管理两层次的矛盾,但内部市场的容量毕竟有限。如果社会统一劳务市场迟迟难以形成,那么这种长期陷企业劳务市场于困境的职工能否真正实现能进能出与上述许多类似的问题迫切需要企业从理论上给予明确解答。在实践上企业也需要积极探索创出一条路子,将理论与实践结合推进施工企业经营机制转换。

最后,深化项目法施工,在项目上培育企业经营机制转换的基础条件。对于企业经营机制转换的内涵、依据、目标、核心和项目法深化的基本内容以及项目圈与企业圈各自的改革范围，我已在前文中略有论述，目的是在项目上形成干部能上能下，收入能升能降，职工能进能出的机制，在此不再赘述。这里我想着重强调如下几点。

（1）要牢固树立项目是企业一切基础管理和专业管理基点的思想，进一步强化项目二级动态管理职能，建立生产要素有序流动的机制，保证各生产要素在项目上实行优化组合和动态管理，这里的关键是企业建立内部模拟市场体系与之相配套。

（2）利益约束机制建设。项目职工基本工资转为档案工资后，工资、奖金、各种补贴和福利待遇捆绑在一起，按效益情况上下浮动，可以不设上限制约，但必须保证工资总额增长幅度低于企业经济效益增长幅度，职工实际平均收入增长水平低于劳动生产率增长水平。此外，就企业来讲，重要的是宏观上控制住项目利润分成部分，不能允许分光、吃尽。因为项目是一次性的，工程完工项目组织即解体，并且项目仅仅是成本中心，所以项目的留利应通过正确引导转化为生产发展基金和企业后备基金。

（3）自我制约机能建设。主要解决项目经理的权力制衡问题。目前许多项目经理权力不完整（甚至没有权力），因此要求建立权力制衡机制似乎没有意义。但恰恰相反，这是一个问题的两个方面，缺乏权力制约是权力难以下放落实的原因之一。从发展的趋势看，对项目经理完整而充分的授权是必然的，这就需要对项目经理的职权进行约束。当然这种约束是在项目的行为超越有关法规界定的范围前提下发挥作用的，如果没有这样的约束，项目的行为就有可能危及企业的整体利益。约束主要来自两个方面：一是项目的经济活动应遵守国家法规、法令和有关政策，符合社会道德规范，在投资消费等方面符合市场和企业发展的需要；二是在必要的情况下设立项目财务主管对其进行制约。

(4) 建筑产品价格改革。建筑产品价格改革是大势所趋、势在必行，其核心问题不是急于解决与工业、农业等产品的比价问题，而是建立建筑产品价格的形成机制。通过建筑产品的价格改革，确立施工企业对建筑商品的定价权。项目有责任为此积累资料、提供分析数据，因此项目无论是否单独开户均应实行相对独立核算并形成成本中心。

(5) 注重集约经营，重点是推进科技进步和采用现代化管理方法和手段。现实中，一些按项目法施工的项目之所以难以体现明显的优越性，远未发挥应有的示范导向作用，与此有密切关系。要提高效率、提高质量、提高投入产出效率，就必须克服粗放经营的现状，加大科技进步的投入，推行先进的新设备、新技术、新材料、新工艺和先进的管理方法和手段，创出高质量、高效益的工程项目，把项目法施工推向高层次、高水平的发展阶段。

3. 第三个问题：关于股份制试点

建筑施工企业如何推行股份制是一个亟待研究的重大课题。股份制试点企业的实践证明，股份制经营方式已经在发展社会生产力和推动社会主义商品经济发展中发挥积极作用。例如，股份制有利于筹集资金，有利于固定资产保值增值，有利于产业结构调整和集团企业发展，更有利于促进企业经营机制的转换。股份制试点情况还表明，实行股份制的企业自我约束机制普遍有改进，这种约束来自股东对企业生产经营情况的监督，也来自股票对市场价格涨落的反映。公司必须接受独立于企业之外的、国家认可的注册会计师事务所对企业财务账目的公正审核。尤其是股票上市后，其财务情况要向社会公布并接受股民监督。这种压力比过去只对政府主管部门负责要大得多。这种压力对于企业提高投入产出效益是一种有力的鞭策。股份制经营方式的另一个特点是有利于界定国家和企业财产所有权边界,使产权关系明晰化。股份制企业能够以其全部资产对公司债务承担责任,并相应承担民事权力和民事义务,因而使企业自负盈亏成为可能。

我国股份制试点企业有四种类型:一是法人持股的股份制企业;二是内部职工持股的股份制企业;三是向社会公开发行股票,但股票不上市的股份制企业;四是向社会公开发行股票,股票可以上市交易的股份制企业。根据目前的条件和可能性,当前和今后一定时期建筑业企业主要是进行第一类、第二类股份制企业的组建和试点。重点做好以下工作。

(1)加强舆论宣传,普及股份制、股票、股票市场、证券、证券市场等基本知识,让人们认识股份制、理解股份制、熟悉并接受股份制。

(2)培训人才。推行股份制迫切需要大批既有现代化商品经济、企业和证券管理知识,又有创新精神,能够开创新局面的经营管理人才,要通过不同层次人才培养打造一支宏大的专业队伍。

(3)认真总结企业股份制试点经验,并按陆续出台的股份制配套法规进行规范试点企业的行为,以发挥其示范、导向的作用。在此基础上,遵循"大胆试验、加强指导、慎重稳妥"的原则,创造条件,并分阶段、分步骤逐步推进建安企业股份制试点。

(4)建立健全一系列为之服务的中介机构,如资产评估、企业资产评定、信托投资、证券交易、法律和会计等配套的中介机构,以保证股份制试点健康发展。

(5)建议政府建设行政主管部门或委托所属行业协会、学会和研究会等成立专职咨询机构,在理论研究和实践指导方面帮助建筑业企业推行股份制试点,保证从试点到最终完成企业股份制改组能沿着规范化轨

1.3 转换企业经营机制内循环

道发展。

鉴于建筑业企业微利甚至无利的现实情况，目前大面积推行股份制的条件尚不足，可以先在效益较好的个别建筑业企业，尤其是在利润丰厚的多种经营（含第三产业）企业中试点，为将来广大建筑业企业推行股份制积累经验和提供示范。

1.4 转换企业经营机制外循环

这里主要讨论"中圈"(企业)与"大圈"(社会、市场)的循环。

转换企业经营机制的目的是将企业推向市场,而企业走向市场的前提条件是必须具备自主经营、自负盈亏、自我发展和自我约束的能力。这种能力的培养和形成,除需要企业自身努力外,在很大程度上还依赖于外部环境的改善,或需要市场和政府行为的规范化。我结合"四自能力"涉及的有关问题发表一些粗浅看法。

1. 建筑企业自主经营能力的形成依赖于企业行为是否为市场力量所支配

无一例外地,任何一个经济组织(包括建筑业企业在内),始终必须解决三个基本问题:"生产什么""如何生产"和"为谁生产"。"生产什么"取决于消费者的"货币选票"。消费者的需求通过市场反馈给企业,企业接收到这种需求信号时,应能够直接做出决策,而非通过层层审批,也不是,当市场需求已经发生变化了,企业才迟迟做出产品生产的反应,如此产品投放市场时,已无人问津了。这里有两个值得深入思考的问题:第一,企业是否具有这样一种经营机制,能够对市场的变化做出迅捷、灵敏的反应,并采取适当的策略与之相适应;第二,市场信号是否准确、真实,否则失真的信号必然导致企业决策失误,使企业蒙受损失。这就要求企业的经营机制必须完善,市场的行为必须规范并正确发挥导向作用。

1.4 转换企业经营机制外循环

"如何生产"取决于不同生产者之间的竞争。用哪些人，采用什么资源，运用什么样的手段、方法和技术，才能应付价格竞争和适应获取最大利润的需要呢？答案是采用效率最高的生产方式，以便把成本压到最低。这里涉及企业一系列经营权力的充分发挥，如投资决策权、资金支配权、物资采购权、人事任免权、劳动用工权、产品定价权等。目前，《全民所有制工业企业转换经营机制条例》赋予了企业必需的经营自主权，关键是贯彻落实，采取必要措施尽量缩短政策到位滞后时间和防止截留企业经营民主权的现象发生。现实中的一些大型或特大型施工企业实行多级法人制度。在"集团热"浪潮中，不少一级法人企业出于建立龙头企业或企业集团的需要，为了增强投资功能、发挥集团型企业的总体优势，将凭借行政隶属关系特权，限制权力下沉，妨碍经营权在二级法人、三级法人企业中落实。这样真正的实体企业仍然"活"不起来。我认为，上述公司和由原政府主管部门改编成立的总公司类企业的改革重点不同于实体制企业。实体制企业考虑如何转换企业经营机制，而落脚点是加快推进施工管理体制改革步伐，认真研究总公司与所属企业资产经营一体化关系，通过改革企业组织方式和经营管理方式，实现由行政制约关系向以资产联结为特征的经济契约关系的转变。在此前提下，实体制企业再考虑转换经营机制。

"为谁生产"取决于生产要素市场的供给和需求，取决于工资、利率和利润水平。换句话说，谁来享用和取益于所生产的物品，也就是社会产品的总量将如何分配给不同的消费者。这就要求企业必须认真研究市场，了解消费对象，制定适宜的营销战略，根据社会资源供给的可能，充分考虑市场竞争的需要，努力降低各项成本支出以取得理想的投入产出效益。

2. 股份制组织方式是企业实现自负盈亏的必然选择

如何解决企业自负盈亏问题,是长久以来困扰我们的难题。承包经营责任制虽然有其长处,但其致命弱点是政企不分、短期行为和产权关系模糊。由于承包方和发包方均以国有资产为基础,特别是在税利合一的财税体制约束下,企业无法实现自负盈亏。从理论上讲,企业既然对其经营的财产不拥有所有权,因而也不应当承担盈亏责任,有能力承担企业盈亏的直接责任者应是企业财产的支配权人(即所有权者)。目前,承包制中推行的净资产全员风险抵押承包是一种比较可取的承包经营方式,而且有利于承包制和股份制衔接,通过先包后股能够使承包制过渡为股份制。

在股份制企业中,其全部注册资本是由全体股东共同出资,按照股份平等、同股同利、利益共享、风险共担的原则以股份形式所构成的,这样各投资方,特别是国家和企业的产权边界可以得到界定,产权关系明晰化,股东则以其所认购股份对企业承担有限责任,企业则以全部资产对企业债务承担责任,使企业自负盈亏成为可能。

但是,在社会主义条件下的股份制中,国家股将占有相当大的比重,能够形成控股局面,加之最终所有权归属国家的法人股,这样所占股份比重可能更大。因此有人担心会继续出现政企不分、影响企业自负盈亏能力形成的问题。这种担心是没有必要的,因为在股份制条件下企业将由投资主体的代表所领导,股东大会是企业的最高权力机构,股东大会选举董事会,董事会聘用厂长(经理)。尽管国家是较大份额的投资主体,但国家是通过资产的代表在董事会内部做出决策来影响企业的生产经营活动的,这与以往政府直接干预企业的行为方式是不同的。而且在股份制企业中,投资主体也不止一个,董事会也不是单一的投资主体的代表，而是由多个投资主体的代表所组成的。重大问题需经董事会讨论决定。这样，一个企业的国有资产同整个国家的国有资产是分离的，国家作为企业的一个投资主体只对所投入的那部分财产负责，这种责任是有限的，这样企业不仅有了内在的约束机制，也有了外部环境的压力，使企业千方百计力图实现自主经营和自负盈亏。

3. 建筑产品价格改革是提高企业自我发展能力的客观要求

由于基本建设中"资金空转理论"的误导，长期以来，建筑业实行微利政策，严重妨碍了建筑企业自我积累能力的增强，建筑企业的发展犹如负盘爬山、步履维艰。要改变这一现状，首先要对基本建设管理体制进行改革，确立建筑业相对独立的物质生产部门地位，将其纳入国民经济发展计划中进行统一平衡和在国家产业发展政策中进行统一规划。在此前提下，突出对建筑产品价格体制进行改革，改变建筑产品价格长期背离价值的状况，给予建筑企业建筑产品定价权。

目前，我国建筑产品的定价权归属消费者（买方），而在国家预算内投资占较大比重的情况下，买方与作为投资主体的国家利益是一致的，压低标价可以使国家财政减轻支出压力，其结果造成建筑企业长期徘徊于简单再生产或萎缩再生产的困境之中。例如，1991年全国国营建筑施工企业创利百家大户仅实现利润7.27亿元，其创利水平还赶不上某些行业中的一个大企业。预算内国营建筑施工企业实现利润比上年减少19%，亏损额比上年增加53%，工程成本全行业超支，人均留利仅226元，约为工业企业人均留利的五十分之一。这种状况不改变，建筑企业只能维持生存，不可能有较大的发展。当然要扭转这种局面，除了增大预算外投入并形成投资主体多元化、投资来源多渠道格局以外，可以分阶段、分步骤地改买方定价为卖方（生产者）定价。在"八五"期间，建筑企业可以依据工程所在地预算定额、材料估价表和有关取费标准，并根据企业自身的技术、施工和管理水平适当调整预算总造价或标书总造价，根据工程项目资金来源渠道、工程性质、特点、工艺水平、技术复杂程度的不同，实行差别利润率，国内工程7%计划利润可在技术装备基金中单列，而不作为竞争性费用进入标价，外资和合资工程应按国际通行的建筑产品报价方式，以有利于和国际承包市场的衔接，还应明确企业资质等级只能作为承担不同类型工程的条件，不应成为取费的标准。在"九五"时期，取消国家和地方各种取费标准和预算定额，企业根据其施工技术管理水平和市场供需变化自行确定建筑产品价格。在改革建筑产品价格形成机制的同时，应就建筑产品与其他行业的产品比价进行适度调整，至少保持其盈利水平接近或等于社会平均利润率水平，这样才有助于建筑业在国民经济中产业占据支柱地位。

4. 企业行为的规范化是建立自我约束机制的重要目的

企业行为的规范化从某种角度上讲取决于市场行为的规范化，而市场行为的规范又有赖于政府职能的转变。然而，政府职能转变非一日之功，因此市场行为的规范也不可能一蹴而就。因此，应培育转换企业经营机制的内外部条件，使企业逐步走向市场。在现实经济生活中，我们常常听到这样一种观点："建筑企业早就进入市场了，把企业推向市场对我们没有意义。"诚然，建筑业的确是国民经济所有行业中率先进入市场的，但即使现在建筑市场的发育仍是很不完善的，市场的基本功能是通过价格信号反映供需状况，从而引导社会和企业资源的投向，形成社会资源的合理配置，进而达到调节供需平衡的目的。目前的建筑市场，由于种种因素制约远未发展到这种水平，因此建筑企业进入的是一个不规范、不完善的市场。如果我们因适应这样一种市场而满足，那么我们将

1.4 转换企业经营机制外循环

比那些刚起步走向市场的其他行业的企业要面临更多的困难、将走更多的弯路。因此,一定要树立这样一种观点,对每一个建筑企业来讲,转换企业经营机制,适应规则的、有序的市场运行机制不仅是必要的,而且是十分迫切的。

就企业本身来讲,企业建立自我约束机制是实现企业行为规范化的内在要求和重要目的。我们不能等待外部环境改善以后才被动地调整和适应。企业、市场、政府各自的行为规范制定必须同步进行,同时保证在终点上达到同步到位,投入联动运行。企业自我约束机制建设的着力点是使企业的经济活动符合国家有关方针、政策、法律和法规,符合社会道德规范,其投资、生产、分配和消费行为符合市场需求和企业发展需要。例如:企业生产要素的投入和存量资产的调整应符合国家产业政策和行业管理需要;施工中,改粗放管理为集约管理,坚持科技是第一生产力的理念,积极广泛地采用先进的科学技术和现代化的管理方法;在内部分配上,坚持企业工资总额增长幅度低于按实现利税计算的企业经济效益增长幅度,职工实际平均工资增长水平低于按净产值计算的全员劳动生产率增长水平等。除自律外,企业的行为离不开必要的监督,但这种监督职能一般情况下应由独立于企业之外的政府许可的会计师事务所和审计事务所履行,在特殊情况下,可以由政府授权的有关部门执行,但是必须遵守公之于众的规则和按照一定的程序进行。

1.5
转换企业经营机制综述

"三圈循环理论"的论述至此似应搁笔了,但我仍有一种"言犹尽意未绝"之感。我国经济生活中出现了许多新的动向,触发了作者一些新的思考。本书将讨论建筑业面临的新形势和落实《全民所有制工业企业转换经营机制条例》(以下简称《条例》)。

1. 第一个问题:关于建筑业面临的新形势

党的十四大提出建立社会主义市场经济新体制,为我们指明了建设有中国特色社会主义的方向和目标,必将在我国历史上产生划时代的深远影响,标志着我国改革开放进入了一个新的发展阶段。建立社会主义市场经济不仅对国民经济的发展,而且对建筑业的发展必将产生强大的推动力。那么,如何认识市场经济、把握市场经济运行的基本特征,来推进建筑业的改革与发展呢?

第一,社会主义市场经济要求一般经济活动必须以市场为中心而展开,市场机制成为配置社会资源的基本手段。这是市场经济的本质特征。第二,市场运行将纳入法治化轨道,作为市场主体的企业必须接受法规制约、规范其行为,并按照市场规则有序运行。第三,由于市场存在着一定的自发性和盲目性,我们必须采取适宜的宏观调控政策来矫正其行为,但宏观调控手段和措施的采用必须依据价值规律,同时保证调控手段的统一、协调性。市场经济对我们的要求是,建筑企业必须努力提高素质，增强竞争能力，注重投入产出效益，以获得更多的资源发展壮大自己，建筑企业必须依法经营，按照市场规则要求约束自己的行为，开展公平竞争，建筑企业必须尽快转换经营机制，加快组织结构和经营结构调整，以市场为导向、自主经营、自负盈亏。建立社会主义市场经济对建筑业而言，既是机遇，也是挑战。党的十四大报告中提出，要"振兴机械电子、石油化工、汽车制造和建筑业，使它们成为国民经济的支柱产业"，还提出有可能保持国民经济按照8%~9%的速度增长。从建筑业与国民经济近似的结构一致性考察，建筑业受国民经济发展推动将在今后一个时期内保持旺盛的增长势头。深化改革、扩大开放范围将增强改善投资环境压力，因此必将进一步促进能源、交通、通信和原材料等基础工业和基础设施建设；生产力水平的不断提高和人民生活的不断改善，对住房使用功能和居住面积也将提出新的要求。显而易见，20世纪末基建投资总量有较大增加，这无疑对广大建筑职工是一个很大的鼓舞。但是当前建筑业由于受外部环境和内部条件约束，新旧体制的转换将是一个不断摩擦碰撞的艰难过程，政府职能转换、市场秩序的建立以及一些深层次的改革还难以一步到位，卖方市场是暂时的，买方市场是长期的，供需失衡的困扰更多的是源于供过于求，而不是供不应求。对此，建筑企业一定要有清醒的认识。

2. 第二个问题：关于贯彻《条例》

当前，在贯彻落实《条例》过程中出现的"政策悬空"现象值得重视。我国经济生活中普遍实行多级法人制度，"大法人""小法人"虽在法律上讲不通，在现实中却常见。尤其在"集团热"浪潮下，一些行政性管理公司为发展企业集团，将竭力阻止权力下沉，这样真正的实体企业仍然被牢牢地捆绑在原行政隶属关系上"活"不起来。由此可见，垄

> 国有建筑业企业改革

断性和竞争性企业，不同层次的法人单位改革的目标取向是不同的，特别在当前并非都应致力于机制转换，第一个层次的法人单位更重要、更迫切的是改革管理体制，而转换机制则是第二目标。实体型企业要认真研究《条例》，用好、用活、用足政策是企业转换经营机制的前提条件。因此，从事企业管理工作的人员，尤其是企业的厂长和经理，一定要通读、研读《条例》。否则，就不可能运用《条例》，维护企业的合法权益。令人遗憾的是，有的企业至今仍然改变不了要等人将政策掰开、捣烂、揉碎了去"哺食"的恶习。我以为，与其"嗷嗷待哺"，不如利用政策"捕食"，这实际就是将企业逼入市场的意义所在。例如，一些企业企图调整经营范围扩大经营规模、发展多元化经营时，可以利用《条例》第八条的规定："企业可以自主决定在本行业内或者跨行业调整生产经营范围，凡符合国家产业政策导向的，政府有关部门应当给予支持，工商管理部门应当办理变更登记手续。"一些企业由于生产发展需要扩大再生产或补充流动资金，但又担心税费压力加重试图牺牲投资愿望，可以利用投资退税政策减轻压力。《条例》第十三条规定："企业遵照国家产业政策，以留利安排生产性建设项目或者补充流动资金的，经企业申请，税务部门批准，可以退还企业再投资部分已缴纳所得税的百分之四十税款。"又如，一些企业因经营结构调整、生产设备大量闲置，在建立面向社会和企业双向有偿服务体系或社会化的租赁业务时，可以利用《条例》第十五条的规定："企业根据生产经营的需要，对一般固定资产可以自主决定出租、抵押或者有偿转让；对关键设备、成套设备或者重要建筑物可以出租、经政府主管部门批准也可以抵押、有偿转让"。再如，一些企业实行精简机构、裁减冗员举措，为消化富余人员创办第三产业时可利用《条例》第三十九条的规定，"为安置富余职工兴办的，独立核算、从事第三产业的企业，自开业之日起，实行两年免征、三年减半征收所得税"等。我引用上述条规是想说明,不研究政策就不可能运用和执行政策;要转换企业经营机制而不执行《条例》,就不可能如愿以偿。

除此之外,《条例》还直接涉及国家法律和行政法规20多个,主要包括《企业法》《民法》《国家外汇管理暂行条例》《固定资产折旧管理办法》《固定资产评估管理办法》《股份制企业试点办法》《审计法》《行政诉讼法》等。我认为,我们应很好地学习研究、配合使用这些法律、法规以及地方的实施细则等,以推进企业经营机制的转换。

第二章　体　制

2.1 企业改制难点

1. 企业国有资产产权主体虚置，无法明确人格化的投资主体

由于投资主体的虚置或缺位，一方面，国家各级行政部门成了企业的当然所有者，直接参与国有企业的经营管理；另一方面，企业的所有者是抽象的国家，造成"政企合一"，在企业的外部管理上，国有企业名义上为全民所有，实际处在条块分割、自上而下的行政支配之中，国有资产谁都可以管理，谁都没有直接经营责任。在国有资产的组织形式上，国有企业投资单一，没有独立的法人财产，并非真正意义上的实体。在企业内部管理上，企业没有自主权，决策缓慢，效率低下，不能自负盈亏。在企业发展目标上，企业不能完全以经济效益为唯一目标，还要承担社会职能。因而，国有资产难以按照市场机制合理流动与配置。企业难以真正走向市场，无法成为市场的竞争主体和法人实体。

2. 企业办社会包袱沉重，冗员难以分离

国有建筑业企业尤其是历史较长的大中型国有企业的"企业办社会"问题已极为突出，企业为此开支巨大。在日趋激烈的市场竞争环境中，企业处于极为不利的境地。因此，逐步卸掉企业历史包袱、减轻企业办社会的沉重负担，是建筑业企业建立现代企业制度的必要条件，是当务之急。对于企业冗员的形成，大家普遍认为，在计划体制下实行的"低工资、高就业"的职工终身就业制度是其根源。另外，建筑业是劳动密集型行业，随着国家基建投资规模的起伏波动，冗员沉淀更为突出。目前，建筑业企业冗员平均约占企业全员的30%以上。冗员过多，直接导致如下问题：企业劳动生产率低下，职工队伍素质降低，人浮于事，职工对企业关切度低，追求平均主义，企业缺乏应有的动力和活力，很难在市场上有竞争力。因此，解决冗员必须坚持政府、社会、企业三方结合，研究切实措施，逐步实现分流、安置，最终从企业中分离出去。

3. 企业工资含量节余部分产权归属模糊

建筑业企业实行百元产值工资含量包干的初衷：一是对行业工资总额进行宏观控制，避免消费基金的过快增长；二是改变按人头核定工资的平均主义分配方式（可以说这是建筑业改革的重要成果）。建筑业企业工资含量节余部分是建筑业企业职工在为社会创造财富过程中应得的收入的一部分，工资含量节余反映了企业和职工兼顾眼前利益和长远利益的自觉性。对工资含量节余的数额和使用因企业情况差异而有所不同，但不管节余数额多少，也不管怎样使用，工资含量节余部分产权界定归属问题难以确定（即谁对这部分资产享有使用、处分、受益权）；理论上其归属关系模糊，导致在实际的操作过程中企业面临许多难以处理的棘手问题。工资含量节余的产权界定和界定后实际操作方式，是当前建筑业企业在改制过程中最为突出的一个难题。

4. 企业资产负债率畸高，资金紧张状况明显

我国国有建筑业企业的平均负债率高达87.3%，许多企业的年利润还不足以偿付银行贷款利息。同时，持续积累、居高不下的巨额工程款拖欠使企业生产经营困难重重，资金状况日趋恶化，部分企业经营已经陷入难以为继的境地。有人认为，在税制改革，全国统一税率为33%后，建筑业企业税赋不仅没有降低，反而在原有水平上提高了8个百分点，进一步加重了建筑业企业的负担。此外，企业流动资金严重不足，基本依赖负债解决，缺乏补充渠道。由于建筑产品价格仍以计划体制下形成的收费标准为依据，与市场机制形成的价格完全背离。企业产值、利税虽逐年增长，企业效益却逐年下降，利润不能伴随产值同步增长，其深层原因是计划价格体制弊端的表象化。由于微利政策，建筑业企业职工创造的价值无偿转移到其他行业和部门，行业无力扩大再生产，只能维持简单再生产。

5. 企业治理结构难规范

建立权责明确、管理科学的法人治理结构，是现代企业制度的内在要求。部分改制企业已按《中华人民共和国公司法》（以下简称《公司法》）的要求组建了董事会、监事会、股东代表大会，但从已经启动运作企业的情况看，新三会与企业党委会、工会、职工代表大会，在职能、权限移交转换过程中，出现了矛盾。有的试点企业采取董事长兼总经理，党委书记、工会主席兼监事会主席等"一肩挑"的做法，有的企业新、老三会同时挂牌，"六驾马车"同时运转。但是，新、老三会的负责人所拥有的权力、责任以及代表的利益主体不同，交叉任职的矛盾较多，使企业无法按规范化的治理结构进行运作。因此，当前必须促进新三会职能权限尽快到位，并按《公司法》、公司章程和有关政策，规范新三会行为，以促进其健康发展。

6. 对企业改制在观念和认识上存在偏差

从目前建筑业企业改制工作看，由于宏观政策不断出台、环境不断

国有建筑业企业改革

改善，推动了行业改制工作不断深化，企业转变观念、转换机制，走向市场的自觉性进一步提高，解决深层次矛盾，进行制度创新已成为大部分企业要求。但从改制过程中出现的问题看，部分企业对改制在观念认识上还存在着一定的偏差和误区。有的企业认为，企业不仅要上缴所得税，而且还要承担投资回报，企业压力更重了，因而没有积极性。有的企业认为，改制是政府的事，政府想怎样改，企业照办就行。有的企业把改制的立足点定在优惠政策上，把改制作为换取优惠税费政策的筹码。有的企业领导对改制不感兴趣，因为企业是由他自己说了算，担心改制后既得权力丧失。一些效益较好的企业认为，没有必要改，维持现状就行。也有的企业单纯地认为，改制就是多吸收资金、增强自身实力等。以上种种对改制工作观念和认识上的偏差，在很大程度上，影响着改制工作的顺利健康进行。

2.2
认识"误区"辨析

1. 国有资产"企业所有论"

目前,建筑企业改制工作已经拉开帷幕,但许多企业(尤其是一些经济效益尚可的建筑企业)面对国家与企业财产关系的调整,存在一种令人担忧的、模糊的认识。在不少国有大中型建筑企业领导者们的潜意识中,有一种带有倾向性的观点,即普遍以为企业资产是自己多年苦心经营的成果,国有企业现有存量资产应进行合理分割,企业应当成为剔除国家原始投入和适当合理的资本回报后的利益所有权者。因为改制前的国有企业因产权主体不清,企业实际上是"一肩扛两头",既代表国家利益,又代表广大职工的利益,(即企业存量资产中有部分财产的利益主体应由广大职工担任)。界定产权归属时将国有企业资产完全划归国家所有,并参与红利分配,这实质上是鲸吞代表广大职工利益的企业权利。基于这种认识,领导者们对建立现代企业制度的热情受挫,自觉或不自觉地产生了抵触情绪。现实中,一些率先改制的企业在清产核资时存在账目上造假,转移资产,搞账外资产体外循环,甚至以空壳公司逃避贷款责任,其目的是企图最大限度地缩小国有资产的份额。

我认为,国有企业资产理应属于国家,而非企业。因为任何企业不可能属于企业自身,它属于出资者,属于真正意义的资产所有者。换言之,国有大中型企业属于它的出资者——国家。认为企业向银行贷款后,本息均已由企业付清，这部分资产应属于企业所有的观点，也是不对的。企业向银行借贷，是以国有资产作信用担保的。从另一个角度来看，当企业出现亏损或负债时，国家承担的是无限担保责任。而企业因为没有自己独立支配的财产，也没有能力承担亏损责任。

不少国有企业的经营者和广大职工在产权归属上心理不平衡，是因为被过去低工资、高就业的表象所误导，以为企业留利所形成的奖励基金、福利基金和工资含量结余，或用于购置新设备提高有机构成，或用于追加流动资金投入生产运行，这种凝固于正业中的存量资产的部分应是对职工低工资的补偿而形成对职工的负债。但是，由于实行各种低工资、高福利及各种隐性补贴，在当时低效率条件下，广大职工的基本生活消费并不低于实际劳动所得，只是这种补偿被非货币化的隐性收入所掩盖了。何况在改制过程中或已经改制的企业中，离退休人员养老金、隐性失业基金及其他非经营性单位的费用开支均由国有资产的红利弥补。那种疏于正面宣传和深入细致的说服工作而采取的"一刀切"的武断的做法，必然会刺激广大职工，从而使其产生逆反心理。

毋庸置疑，企业国有资产理应属于国家。建立现代企业制度只是改变了国有资产保值增值的实现形式，并没有改变国有资产所有制性质。实行国有资产的所有权与经营权分离，国家委托企业，对其出资形成的企业财产负保值增值的责任。企业是国有资产的经营者，而不是所有者。

2. "转机先导论"

在政府部门和理论界有一种似成定论的观点：转换企业经营机制是建立现代企业制度的前提条件和基础性工作，即形成了先转换经营机制才能建立现代企业制度（以下简称"转机建制"）的逻辑关系。这个观点是因为《条例》出台于先而形成的。我认为，《条例》存在不足之处：第一，其未触及企业产权制度改革这个带有根本性质的问题，因此企业缺乏追求最大利润的内在动力，即便企业经营自主权全部落实，企业也不可能有活力和生机。第二，其注重国家对企业分权，难于从根本上解决国有企业体制僵化、机制不灵的顽疾。第三，十四项经营权的界定工作存在行政干预的痕迹，实质上未能完全摆脱政府办企业的指导思想，因此效果不理想。两年多来的实践证明，此举难以奏效。这里我们要特别强调，转机建制是内在统一的、密不可分的。众所周知，企业转换经营机制的目的是适应市场经济的发展需要，使企业成为自主经营、自负盈亏的商品生产者和经营者，建立现代企业制度本质上是企业体制的改革，核心是重构企业产权制度，使企业摆脱政府附属物的地位和政府的直接行政控制并真正成为面向市场的竞争主体和拥有自己独立财产的法人实体。试想没有产权制度改革，企业怎么能够成为独立的法人财产权主体，用什么来自负盈亏？没有政企分开和政资分开，企业哪来的自主经营？企业转机强调的是政府松绑，是进行权力重新分配，而无力解决政府对企业的行政干预问题。而制度创新则要求政府完全退出微观经济管理领域，以实现政府调控市场，市场引导企业。

从另一个角度讲，企业作为一个有机体，经营机制是与生俱来的，只是过去适应的是高度集中的计划经济体制。我国经济体制改革的目标是建立社会主义市场经济体制，企业转机建制可以适应这种新体制的需要，可以保持与市场经济的良好适应性。从这个意义上讲，体制是决定机制的决定因素，并且影响企业转机进程。没有企业体制的改革，也就没有必要要求企业机制转换。再从两年多来企业转机实践看，凡是企业体制改革动作较大、成功率较高，机制转换就会比较顺畅、效果也比较明显；相反，则面临重重阻力，事倍功半，甚至徒劳无功。可见，正确的改革逻辑思路是"转机建制"，或者准确地说是应坚持两者同步推进。

只有建立起现代企业制度，企业经营机制转换才可能得到制度和体制的可靠保障，排除旧体制下影响企业运作的人为因素。所以，我认为，建立现代企业制度只是一种手段和形式，而企业经营机制的转换才是我们所追求的目标。

3."改制条件论"

围绕建筑企业改制可行性争论，有一种观点认为，建筑业不适用建立现代企业制度这一理论，并将企业进行股份制改造等同于建立现代企业制度，人为地抽走企业改制工作中的许多重要内容。这个观点的基本理由是建筑业属于低价微利行业。对此，我有两点需要说明。

第一，建立现代企业制度不等于搞股份制，其目的也不是搞股份制，而是转换机制，与市场对接。建立现代企业制度是通过十几年企业改革的实践在认识上的进一步深化，是社会主义市场经济体制发展的内在要求，其核心内容是使企业成为依法自主经营、自负盈亏、自我发展和自我约束的商品生产和经营单位，成为拥有独立的民事权利和承担民事义务的企业法人。股份制只是建立现代企业制度的一种组织形态，而不是企业改制的全部内容和最终目的。

第二，建筑业可以搞股份制。我国搞股份制的目的不同于西方市场经济国家，撇开单纯的融资功能外，主要还是就此寻求新的经济增长点，解决企业活力不足、机制僵化的问题，最终为企业转换经营机制提供制度上的保证。我们来考察一下产生上述观点的重要因素之一——建筑业的利润水平。由于建筑企业属于劳动密集型行业和"以销定产"的生产特点，建筑企业投入少、风险相对较小，加之企业的盈利约有90%以上用于补贴非经营性开支；如果剔除这一因素，那么企业的资金利润率一般在6%以上。随着市场经济体制的逐步建立，企业向市场化进一步迈进，利润水平向社会平均利润水平靠拢。再看建筑业的回报率，我们知道建筑业的资本有机构成较低，相应的资本利润率也高于其他行业，更有利于吸引资金等资源来进一步推动建筑行业生产力水平不断提高，从而促进建筑行业不断发展和壮大。

4. "内因、外因说"

不容忽视，现在无论是政府还是企业都有一种过多强调对方改革，而忽视自身改革的倾向。政府是企业改革设计者、组织者和推动者，又是改革的对象，这无疑会加大改革的难度。政府职能转换将由过去对企业的直接管理转变为间接管理，由过去的行政管理转变为宏观调控，逐步退出微观经济领域，这就意味着政府部门将失去既得权力及连带的利益。现实中，我们所看到的政府等企业去开拓创新的现象，而企业又等政府的方针政策出台，没有意识到改革的紧迫性，仍习惯于被动思维方式，等文件、等政策、等外部环境的改善。"等"的危害在于企业如果不从自身改革着眼，努力创造能够适应外部环境改善的条件，一旦外部环境改变进而企业被迫与市场全面接轨，将会因措手不及而蒙受巨大损失。

上述两种倾向都是错误的，其结果都将影响改革效率，延缓建立现代企业制度的进程。

在建立市场经济体制和构造微观经济基础的整个过程中，无论是政府改革、还是企业改革，既相辅相成、又相互制约。没有企业微观体制改革，宏观体制难以建立，宏观调控也难以发挥应有的作用；而没有外部环境的改善，企业改革寸步难行。企业必须清醒地认识到建立现代企业制度需要多方面的改革配套（尤其是宏观经济体制改革的配套）。这是一个渐进的过程，在这一过程中必然有些企业被兼并甚至破产。建筑企业内部改革单项突进，离开了外部环境同步跟进，其结果只能是事与愿违。

综上所述,我想特别强调的是上述认识误区的危害如下所述。第一,国有资产的"企业所有论"将造成国有资产归属上的模糊认识,导致国有资产的流失。第二,"转机先导论",会造成企业改革主攻方向上的错误,将增加企业改革成本,降低企业改革效率。第三,"改制条件论",会使企业改制目的不明确,难以消除改制带来的困惑。第四,"内因外因说",强调改革单项突进,忽视整体改革的配套联动,人为破坏改革的系统性,只能导致各单位单方面改革的相互牵制,阻碍改革进程。当然,改革实践中的认识误区还有很多,只不过上述几个方面更具有普遍性和代表性。如果不走出理论和实践的认识误区,无法消除严重禁锢人们思想的障碍,建立现代建筑企业制度就会搁浅。

2.3 企业改制重点

国有企业制度改革已是不可逆转的历史选择。但这场改革攻坚战，或者说以所有制改革为对象的深层次革命面临着一个突出的问题，就是如何实现自上而下的政府推动型为自下而上的企业需求型——"改革力量转型"。这种"转型"的目的是使企业制度的改革由过去的外力推动转变成为企业生存与发展的内在需求。改革实践证明，如果企业自身没有对改革的要求，而一味地由政府推着走，这似乎与改革初衷所要求的政企分离是矛盾的，其结果必然导致企业对政府有更强的依附性。我以为，企业只有获得了改革的内在动力，才有可能摆脱对政府的过分依赖，真正成为独立的、适应市场经济发展需求的完整的法人实体。这是企业改制的重要前提。建筑企业在建立现代企业制度前期和整个过程中，要解决如下几个问题。

1. 科学测定企业资金规模，为确定企业改制方向和目标提供基本依据

改革开放以来，建筑业全行业推行了一系列的改革举措，有力地促进了企业生产潜力的释放，推动了建筑生产力水平的不断提高，进一步扩大了企业的经营规模。但我们从另一个角度考察，企业的经营规模是需要一定的资金规模来支撑的，即企业经营规模与企业资金规模之间存在一种内在的比例关系。根据对一些企业近三年实际情况的分析，资金规模与经营规模之比约为1∶6。也就是说,企业经营规模的扩大需要资金的同比例增长作保证,当然这里排除了资金使用效益提高的影响,如果资金运作效率发生变化,那么这一比例关系也随之变化,因此提高资金使用效率也可以达到降低资金比率的目的。

　　企业改制首先面临的是清产核资、界定产权、资产评估和核定资本金。因此,企业在确认资本金规模时,不仅要充分考虑企业现实经营规模所需资金规模支持,还应注意由于企业过去产权不清、出资者不明确、缺乏来自产权主体的约束和激励,不能排除企业经营规模经过界定企业法人财产权后获得新的动力而进一步扩大的可能性。企业资金规模的确定应科学、合理和适度,充分考虑各种因素影响,资金规模过小会导致国有资产流失,影响贷款信用度和妨碍其在更高企业组织形态上就位;资金规模过大会造成企业负担沉重,增加出资者回报预期压力。

　　合理适度的企业资本金规模还应考虑现有存量的资产增值影响,根据对一些改制企业的实践考察,企业资产按重置价格评估,一般增长率在50%以上,有的甚至成倍增长,为满足出资者投资回报预期,一般资本金利润率要达到100%,因此企业改制时资本金规模应与利润水平相适应。这里存在一个问题,就是必须考虑现有资金量和为满足一定经营规模所需资金量之间的差额补偿或转移问题。当然,对一般情况而言,多数企业面临的是如何补充资金问题,因为企业清产核资或资产评估只能解决企业现有存量资产的核实问题,而对于富余资金或不足部分的补偿则需要通过产权转让或开辟新的融资渠道来解决。现代企业制度是适应社会化大生产的一种企业制度,它的显著特点之一就是具有资金迅速扩张的机制,因此企业应根据自身对资金需要选择适宜的企业制组织形态,以利于企业改制后得到更好的发展。

2. 科学设计企业资产负债结构，保证企业生产经营良性循环

国有建筑企业实行《企业财务通则》和《企业会计准则》后，资产负债结构不合理状况日益突出，多数建筑企业资产负债率在85%以上，其中流动资金负债率达100%。这或许是建筑企业对基本建设、对投资者具有较大依附性的根本原因。建筑产品与工业产品的最大区别在于前者销售活动在前，生产过程在后（即先销售后生产），建筑产品的销售是通过合同谈判实现的，建设单位（消费者）提出建筑产品质量、工期和使用功能等约定条件，建筑企业（生产者）对约定事项进行承诺，并签字（或经公证或签证）以表示一项买卖活动的终结。建筑企业在承诺之后才能按规定从建设单位取得建筑产品合同造价一定比例（一般为25%左右）的备料款和机械设备装备费等工程施工所需准备金，同时借此以产值为依据向建设银行申请一定比例的流动资金贷款（一般实贷为15%左右，低于建设银行核定比率约7个百分点），之后开始建筑产品的生产。随着施工生产进程，建筑企业根据施工进度逐步回收工程进度款，并不断地返还建设单位预付备料款和银行贷款本息，最终以取得微薄利润（1993年，全行业产值利润率达1.5%，资金利润率为2%）而结束。从产销过程的简要描述中，我们不难看出建筑企业负债形成过程和资产负债率偏高的主要原因。建筑企业没有自己的流动资金，而是完全依靠银行和其他金融机构贷款或向其他经济组织拆借。这好比一个有生命的机体没有自己的造血功能而只能依赖输血存活一样。因此，改变建筑企业资产负债结构的基本思路是变流动资金的"输血"为"造血"，设计建筑企业资产负债结构，降低负债比率的关键是降低流动资金负债。换句话说，建筑企业资本金建立必须使流动资金占有相适宜的份额，目前可靠的办法是将银行对企业的足额流动资金贷款改为向企业投资，转增企业资本

金，建筑企业固定资金和流动资金之间存在一定比例关系（据测算，一般建筑企业流动资金不足全部资产的15%），维持一定的经营规模也需要适宜的资金规模和合理的资金结构，如此才能保证企业生产经营的良性循环。

建筑企业资产负债率偏高，负债比重过大，需要进行必要的调整，这已经为人们所认识。那么，什么是合理的资产负债结构、如何实现合理的资产负债结构？西方一些市场经济发达国家公司的平均负债—权益比率为1∶1（即资产负债率为50%）。而我国建筑企业资产负债率若按85%计算，即负债—权益比为8.5∶1.5。其比值为5.7，是西方国家公司的平均比值的4.7倍，其中流动资金负债率高达100%，表明建筑企业流动资金完全依赖于负债。考虑到我国企业资产负债结构的现状和金融市场的发育水平，难以对企业负债做大幅度调整，因此在一定时期内可保持一个相对较高的负债水平，但应采取渐进的措施逐步与一些西方公司资产负债结构水平靠拢。从目前的现实情况看，有如下几条途径可供参考。一是增加股本金和所有者权益，避免企业账外资金体外循环，降低企业资产负债率。二是扩大企业融资渠道，实现企业负债结构多元化，减小单一债权主体风险。三是在发育和形成社会保障制度和产权转让市场的前提下，尽快建立企业破产淘汰机制，促进产权流动，实现企业产权重组和资源优化配置。

3. 建立以产权转让为代表的内部要素市场

突破企业资产结构单一、凝固、封闭格局。建筑企业在改革中，强调建立劳动力、设备、资金、材料、技术和信息服务等企业内部生产要素市场，以适应项目法施工所要求的项目资源优化配置和动态管理、提高效率和效益的要求。这一改革举措是完全正确的，必须进一步坚持并

2.3 企业改制重点

逐步完善。在外部环境尚不理想的情况下，企业在改制过程中应根据市场机制配置资源的原则，发育和形成内部资本市场，推动资产的流动和产权重组，尤其是国有大型和特大型建筑企业，应着手解决资产凝固、结构单一、产权界限模糊、责任不清的问题，形成内部破产淘汰机制。第一，多级法人制度是我国建筑企业的一个显著特征，各层次企业之间的财产关系，通过改制应该理顺。按照建筑行业组织结构调整的方向和目标，可以将具备投资功能、经济实力强大的龙头公司改组为集团公司，接受国有资产经营授权，以资产为联结纽带，与其他企业建立母子公司体制，明确各自的资产管理责任，并承担相应义务。第二，现国有建筑企业是国家全资公司，而国家独资公司很难与过去国家直接控制和过多行政干预的企业在管理方式、调控手段和政绩考核上有"质"的区分，这很难实现竞争性行业（或企业）追求自主经营、成为真正意义上的竞争主体的改革初衷。因此，一般的国有大中型建筑企业应改组为多个股东持股的股份制企业，避开由单一出资主体直派董事会直接进行企业经营管理的行为。第三，建立企业内部模拟淘汰机制，在企业改制过程中，代表国家实行资产经营的集团公司，应对子公司及其他从属公司经营现状、资产管理、产品销路、企业发展前途等进行分析和梳理，并视不同情况而决定淘汰、转产、兼并，将资源转移到那些经营效益好、利润水平高的企业或产品，调整资本结构，重新组合生产要素，形成包括资本在内的生产要素的优化配置，以便最大限度地发挥资本的使用效率。这里还应更深一步地认识到，生产要素的优化配置实质上是资本的优化配置，因为一切资源都可以通过资本来量化，只是观察的角度不同。第四，由于企业资源具有资本的有限性，通过企业内部资源流动只能达到合理组合，难以实现优化，因此企业应注意保持与社会统一产权转让市场的衔接，以在更大的时空范围内促进资产流动，以实现资本的优化配置。

无论是企业内部还是社会产权转让市场,产权的流动必须坚持如下原则:(1)产权流动必须以价值规律为依据,实行有偿转让,坚决反对无偿调拨。(2)资产转让必须经过科学评估,防止国有资产流失或损害其他出资者权益。(3)资产转让价格必须通过市场竞价确定,即以市场机制决定价格,避免政策定价。(4)国有资产转让所得必须用于国有资产的再投入,杜绝挪作他用,保证国有资产不断增值。(5)国有资产转让收益可以在资产评估时进入国有股本金,但不允许进入企业公积金,尤其是股权多元化的企业,应防止非国有股权侵蚀国有股权。(6)国有资产转让溢价收益,不允许量化分配给职工个人,可以作为出资者权益进入未分配利润。

4. 加快社会保障制度建设,为企业改制创造良好条件和宽松环境

社会保障制度建设滞后已经成为制约企业改制和整个社会经济发展的障碍,因此加快其建设步伐刻不容缓。社会保障制度建设中最为迫切的是建立社会保险制度,而社会保险制度建设的重点是养老保险、医疗保险和失业保险,因为养老、医疗和失业三项保险制度是社会保障体制基本框架的顶梁柱。这三个险种制度的建立为企业改制创造了良好的基础条件。

社会保障基金的建立必须坚持由国家、企业和个人三方共同负担的原则,并视不同情况合理划分负担比例。

第一,探讨失业保险制度建立。我国现有在职职工1亿人,按照市场机制,隐性失业约占30%,如果按此比例并充分考虑1700万县级以下乡镇农建队伍的绝大部分亦工亦农的特点,彻底摆脱土地的按10%的测算,加之县级以上1100万国有建筑队伍的30%,全行业隐性失业人员约为500万人。而第一位失业者的社会保险费用应包括:基本生活费而非最

低生活费、工龄贡献补偿、医疗费、职工对家属成员的负担系数（约为0.7人）。经测算，将上述4项费用合计，失业者月平均需要的社会保障费用为270元，若按失业周期（从失业到再就业的平均时间）1.5年计算，一个失业者在失业周期平均需要基本社会保险费用约5000元。如果按1992年全行业完成建筑业总产值2174.1亿元的16.2%测算，行业年工资总额为352.2亿元，如果500万隐性失业人员分5年消化，那么每年失业保险费用为50亿元，为行业年工资总额352.2亿元的14.2%。隐性失业人员社会失业保险费用总额为250亿元。此项费用可以在所得税前列支，由成本消化。为降低失业率，我国应以失业保险为靠山，建立就业培训基地，提高劳动者的技能和就业机会，大力发展多元化经营，广开就业渠道。同时，鼓励自谋职业，支持和扶助开办私营企业，积极组织对外劳务输出，采取多种措施缓解就业压力。

第二，分析医疗保险制度的建立。目前我国的公费医疗和劳保医疗完全由财政和企业承包，费用增长过猛，财政和企业难以承受。按照我国医疗保险制度的改革思路：城镇职工医疗保险金由单位和个人共同负担，实行社会统筹和个人账户相结合。就全局情况分析，如果职工每月从工资中拿出工资总额的1%，进入个人医疗账户，企业也从工资总额中拿出11%的费用用于职工医疗，其中6%进入职工个人账户，5%进入社会统筹保险机构，职工治病先花个人账户的钱，如不够由职工个人承担，其负担费用超过职工个人工资总额的5%时，超过部分则由社会统筹机构承担。现全行业建筑职工约为2800万人，按人均每月500元计算，职工个人每月可提取医疗费总额为1.4亿元，加上企业按每月平均工资总额的181.2亿元提取11%的医疗费用（为19.93亿元），合计为21.33亿元，全年约为256亿元，其中进入个人账户的为139.6元，完全可以满足全行业实际年发生医疗费约为105亿元的水平。

第三，考察养老保险制度的建立。现行国有建筑企业养老保险覆盖面过窄，筹资渠道单一，企业负担畸轻畸重，已经不适应建筑生产力的发展和劳动力正常流动的要求。国有建筑业企业必须扩大养老保险的覆盖面，建立基本养老保险、企业补充养老保险和个人储蓄性养老保险相结合的多层次的养老保险体制。从现状分析，养老保险主要分为离退休职工和在职职工两部分。在职职工可以比照医疗保险制度的办法，实行社会统筹保险和个人账户相结合逐步解决。这里主要讨论前者的养老保险问题。企业离退休人员的形成是历史原因造成的，其在职期间创造的全部价值除以工资形式取回很小一部分外，其余作为税利全部上交国家财政，因此这部分职工的养老费用来源理应由国家财政划拨解决，但考虑到国家财政问题可通过划转国有资产股权予以解决。如果按在职职工与离退休职工3∶1比例测算，那么全国县级以上国有建筑企业离退休职工约为330万人，若按现实离退休人员每月每人平均支出370元计算，则每年离退休费用为146.5亿元、离退休保险基金为全国建筑业国有资产3700亿元的3.9%。因此，在界定产权、核定企业资产时，将国有股权转化为离退休人员养老保险费用并交由社会保险机构持有，既是基本可行的办法，也是历史的必然选择。社会保险制度的其他方面（如工伤、生育、遗嘱补贴等）保险制度的建立也是十分重要和必要的，应随着整个社会保障制度的建设进程而同步跟进。

2.4 企业改制若干问题

国有大中型企业是国民经济的脊梁,是支撑社会经济发展的主导力量。进行现代企业制度改造的主体是国有企业,因此本书拟结合建筑企业改制中存在的若干问题展开讨论。

1. 建立现代企业制度的必要性和积极作用未被认识

建立现代企业制度的必要性和积极作用远未被广大建筑企业所认识。如何认识建立现代企业的必要性?众所周知,1994年是改革攻坚战的第一年,改革的主要特点表现为:改革由过去的政策调整(扩权让利),转向制度创新;由过去的浅层次徘徊转向深层次突破;由过去的注重单项突进转向整体推进;在经济管理体制上由拆"旧房子"转向建"新大厦"。从大的方面看,改革主要从两个层面展开:宏观层次上以金融、财税、外贸、投资等四大体制为改革主线,目的是构建社会主义市场经济体制的基本框架;微观层次上进行建立现代企业制度探索,架构微观经济体制基础。两者的关系是:市场经济体制必须以微观经济基础为依据,宏观调控政策的制定必须以微观经济活动所提供的信息为参考,没有微观经济运行作基础,宏观调控政策措施的制定就失去了基本依据,而微观经济运行必须以宏观经济环境和产业政策作为指导,如果离开了宏观政策的指导,企业微观经济活动就不会有良好的外部环境和法律保障,市场竞争也只能在无序状态下进行。

> 国有建筑业企业改革

现代企业制度的建立将使企业真正成为适应社会化大生产的需要，充分反映社会主义市场经济的要求，面向国际和国内市场的法人实体和市场竞争主体。建立现代企业制度的核心是进行企业产权制度改革，而产权制度改革的核心是建立企业法人制度。企业作为市场竞争的主体，必须具有人格化的独立的法律地位（能够成为独立享有民事权利，承担民事责任的经济实体）。企业法人制度的关键是企业法人财产权，企业拥有独立的法人财产是其行为能力相对其行为负责能力的基础。换句话说，如果企业没有自己独立的法人财产，那么也就失去了民事行为能力和承担民事责任的基础，因而也不可能实现严格意义上的自负盈亏。因此，企业法人财产权的确立不仅使企业对其财产享有占有、支配、收益和处分的权利，而且能够以企业全部法人财产对企业行为承担责任。同时，企业法人财产权的确立也使企业能够依照价值规律和市场供求变化自主决定生产什么、如何生产和为谁生产，从而成为自主经营、自负盈亏、自我发展和自我约束的市场竞争主体。

从企业自身来看，建立现代企业制度，进行公司制改造的主体是国有企业。而国有企业的总体状况是体制僵化、机制不活、负债多、包袱大、效率低、缺乏生机和活力。如果这种状况继续下去，国有企业最终将被拖垮。显然，国有企业进行制度创新和机制转换是给国有企业的一剂良方。

2. 建立现代企业制度的核心是对国有企业的产权制度进行改革，而企业产权制度改革的首要问题是对企业国有资产进行界定

有一种观点认为，全民所有制企业财产统统属于国家。因此，通过清产核资、重置计价和资产验收后，应认定其资本为国家的投入，全部核定为国家资本金。这种不论企业财产形成的途径和渠道、"一刀切"的

2.4 企业改制若干问题

做法似乎过于轻率。我们可能都感受到了社会经济生活中公有制与市场经济深层矛盾而表象化为国有资产的不合规流失。企业在改制中企图将所有负担甩给国家，国有资产成了"唐僧肉"，无论是企业欠债（不论责任）、各种坏账、呆账、潜亏损失，还是离退休人员费用开支，非生产性资产和单位转移后的补偿费用来源，甚至一些改制后的股份制企业中出现的国家股缩股现象等，尽管表现形式不一样，但它们的共同点之一是折射出许多企业的领导和广大职工的心理不平衡。这里有一个问题，就是在企业清产核资、资产离析和产权界定过程中，如何正确处理国家利益主体和企业利益主体之间的矛盾。我国建筑企业维持生产经营所需流动资金依赖于银行贷款，由于银行信贷资金偏紧而挤占企业定额流动资金，从而造成企业定额流动资金贷款不足，有的企业实际贷款额度与贷款指标相差15%左右，因此企业全部流动资金负债中有一部分甚至是大部分由企业自有资金（也包含部分职工福利资金）的投入进行弥补，而企业非生产性投入形成的固定资产则主要是企业福利基金，也包括部分职工奖励资金，这种以职工福利基金形成的固定资产原则上讲产权应归属于代表职工整体利益的企业，或折合相同的价值量返还企业。还有一种情况是企业资金不足，而为维持正常的生产经营又必须追加投入，因此通过职工集资购置的机械设备和生产机具，显然这些机械设备产权应归属出资者。再来看企业职工工资货币收入，应该承认新价值的形成不仅要有各生产要素的投入（尤其是资本的投入），更要有劳动力的投入。劳动者与生产资料相结合，才可能形成生产力，并通过不断的劳动过程才会产生新的价值。而作为劳动者的广大职工，劳动力的支出并未换取同等价值的工资回报（如住房、养老保险金、失业准备金等），仅是维持了自身劳动力的扩大再生产，一部分未支付而已经转化为企业国有资产的工资应返还职工。尤其是那些具有远见卓识的企业家，从企业长远发展着眼，不断地从工资总额中（含奖金）挖出一部分用于企业扩大再生产，提高企业资本有机构成，壮大经营规模，增强企业发展后劲，更应该考虑对职工的工资和奖金欠账的补偿。但是，企业多年不停地滚动发展，要明确凝固的资产中究竟哪一部分属于职工是非常困难的。可否这样设计：以近三年行业平均资金利润率水平为依据，测算出行业资产平均增值率，超出该增值率部分的按一定比例离析资产，由国家和代表职工整体利益的企业分享，后者并入企业职工基金；同时将企业存量资产（金）中的属工资性质的如工资含量节余等全部返还职工。

此外，在企业资产界定中还应注意分析生产性资产和非生产性资产、有效资产和无效资产、有形资产和无形资产，保证形成企业资本金的必须有资本的增值功能，保持企业资本金的适度规模和合理的负债结构，甩掉历史包袱、轻装前进，争取塑造良好的社会形象并得到投资回报。

3. 建立现代企业制度的重要任务是对国有企业进行公司制改造

对国有企业进行公司制改造，其主要途径是存量资产调整和增量投入股份化。而每一个途径又有不同的具体形式。其要点在于，构造混合股权结构是进行公司制改组的关键。要建立一个股份制新企业，按照《公司法》要求和企业登记注册的有关规定，就可以一步到位。因此，增量投入股份化比原有企业进行公司制改造容易得多，也更简单，在此无须赘言。对原有企业进行产权改造，主要是采取"掺沙子"的办法，造成企业股权多元化，如吸收社会公众股和职工个人股，改变固有企业单一股权结构，进行企业间的兼并，通过投资入股或收购股权，企业间形成控股和被控股关系，出售部分国有股权或企业之间等量互换一定比例股权。形成企业股权多元化结构或者引进外资进行嫁接改造以形成混合股权结构。上述方法都可以达到对企业的公司制改造目的。改制过程应当引起高度重视的是必须按规范化要求分阶段、分步骤地扎扎实实地工作。改制前期准备工作尽量准备充分些，吃透有关法律、法规，精心策划、缜密组织、稳步推进，把困难和矛盾估计得多一些、大一些。尤其是企业领导层要加强学习，提高认识、转变观念、改变工作方式，没有企业领导层的决心、魄力和坚韧不拔的精神以及忍受阵痛获得新生的改革冲动，即便启动，也难以持久，最终也难以收到预期效果，无法达到预定目的。

4. 建立现代企业制度是对原国有企业进行脱胎换骨般的改造

对国有企业进行改造的目的是构筑新型的微观经济体制，这种涉及企业外部环境和内部机制的方方面面的企业制度体系的变革，客观上也要求其他改革与之配套，同步跟进。首先，政府职能转换是企业外部环境改善的关键。建立现代企业制度不仅要实行政企分开（即政府的行政管理职能与经济管理职能分开），而且还必须实行政资分开（即政府的经济管理职能与国有资产所有者的职能分开），通过组建若干国有资产投资公司、控股公司等经营性公司，专司国有资产经营。唯有在首先明确国有资产终极所有权的前提下，企业才有可能划清企业产权边界，使企业真正拥有独立的法人财产权，成为自主经营、自负盈亏的法人实体和市场竞争主体。

其次，市场经济的本质是竞争，但竞争必须公平有序地进行，企业在市场上的行为必须规范、合规。除了企业行为自律外，还应该有相应的法律、法规进行硬性约束，如市场竞争是在两个或多个主体之间进行的，竞争的结果是有胜有败、优胜劣汰，资不抵债者就会破产，而企业破产会导致大量职工失业。当然，企业大量裁员并不一定要等到破产，当企业调整经营战略或生产经营发生困难时，裁员现象都可能出现。因此，建立社会保障制度成为必然，包括失业、养老、工伤、医疗、生育等。很显然，为保证市场有序运作，必须建立和健全与之配套的法律保障体系，使社会主义市场经济在法制的轨道上健康运行。

最后，在社会主义市场经济条件下，企业作为市场竞争主体，其行为受市场支配，从而将摆脱政府的直接干预。这个"真空"只能由服务性的社会中介组织来填补。这种组织作为政府、企业和市场之间的联系纽带和桥梁，既是企业走向市场的向导，也是企业权益和社会经济秩序的维护者，它所具有的服务、沟通、协调、公平、监督作用是政府行政管理所不能替代的。因此，要大力培育、发展并完善各种社会中介组织，加强相应的市场法规建设，建立市场交易规则，使各中介组织的运作有章可循。

5. 建立现代企业制度应坚持的基本原则

建立现代企业制度过程中应坚持的一个基本原则是：保持与前一阶段改革的衔接，保持改革的连续性和阶段性。建筑企业前一阶段的改革主线是以企业施工管理体制改革为重要内容的项目法施工，已经取得了积极而明显的效果，企业应当坚持继续推进项目法施工，为现代建筑企业制度的建立积累经验打基础。其主要内容如下所述。

（1）推行项目管理，壮大经营规模，进一步解放生产力，提高科学测定运作企业资金规模的能力，明确企业改制的方向和目标，为企业产权制度改革和公司制度改组奠定良好的基础。

（2）发展完善项目经理责任制，推进项目经理职业化进程。现代建筑企业的运行，需要一大批高素质的建筑企业家，而项目经理是建筑企业家形成的基础。企业要加强项目经理理论培训和实践锻炼，不断提高其水平和能力，造就一支适应市场经济发展需要的建筑企业家队伍。

(3)建立健全企业内部生产要素市场体系，保持企业层次资源的合理分布和有序流动，促进项目资源优化配置和动态管理，积极探索企业内部市场的社会化经营，为向社会统一市场的平稳过渡创造条件。

(4)加大企业组织结构调整力度，促进企业向"大""小"两极分化，重点是完善龙头企业功能，进一步提高工程总承包能力。同时培养和形成专业化作业队伍，利用项目固化而产生的催化企业裂变的积极作用，建立若干小而专、专而精的专业性微型企业。

(5)建立和完善以项目为基础的企业综合配套经营管理制度，重点是以项目成本核算为中心的企业财务（会）制度、合同管理、质量安全管理、材料机械管理和劳动人事分配管理等，形成激励和约束相结合的企业灵活高效运行机制。

(6)加大经营结构调整力度，调整经营战略，提高多元化经营水平和壮大其规模，建立稳固的后方生产生活大本营，保证既可以分流富裕人员，也为逐步与生产性单位脱钩、双轨运行创造条件，为最终实行企业化经营和面向社会服务奠定基础。

6. 在建立现代企业制度过程中，必须认真弄清并认真处理好企业体制改革与经营轨制转换的相互关系

我想强调说明，企业体制和经营机制并非可以截然分开，下述讨论只不过是一种理论抽象。我们知道，转换经营机制的目的是适应市场经济发展需要，是使企业成为自主经营、自负盈亏的商品生产者和经营者。建立现代企业制度本质上是企业体制的改革，核心是产权制度的最新构造，它使企业摆脱政府附属物地位和政府的直接行政控制，真正成为市场竞争主体和拥有自己独立财产的法人实体。试想没有产权制度改革，企业不能成为独立的法人财产权的主体，用什么来自负盈亏？没有政企分开、政资分开，哪来企业的自主经营？没有企业这个市场主体，就没有市场经济，而没有市场经济就不必要求企业转换经营机制。企业作为一个有机体，经营机制是与生俱来的，只是过去适应的是高度集中的计划经济体制。我国经济体制改革的目标是建立社会主义市场经济新体制。企业转换机制是为了适应这种新体制的要求，保持与市场经济的良好适应性。从这个意义上讲，体制是制约机制的决定因素，并且影响机制转换的进程。企业体制是一种制度体系，包括领导体制、组织体系、权限划分、功能调节、监督方法等整个体系实行管理规范和制度化，具有明显的相对稳定性和外在直观性特征。而企业经营机制指构成经营各要素之间相互制约、相互联系、相互作用的关系。或者说，企业经营机制是企业内在的机能及运行方式，具有较大的可变性和内在的隐蔽性特性。从实践上看，在企业体制改革中动作较大的机制转换都比较顺畅，效果也比较明显；相反则面临重重阻力、事倍功半，甚至徒劳无功。由此可见，先进行体制改革，并保证体制改革到位，然后转换机制才有扎实、可靠的依托。

7. 建立现代企业制度是一项艰巨复杂的系统工程

改革的特点是由过去的单项突破转向金融、财税、外贸、外汇、投资、计划、价格和企业制度等综合配套改革的整体推进。这就是在打一场改革的攻坚战。打攻坚战必然要付出代价，但我们希望以较小的代价换取最大的改革成果，至少这种代价应当控制在社会和广大职工心理承受范围之内，建立现代企业制度是一项艰巨复杂的系统工程，不可能一蹴而就。而纵观全国和地方企业改制试点要求，希望用两年左右时间完成建制转机工作的举动有急于求成之嫌，而且事实上难以如愿。其理由是：

（1）企业微观经济体制改革应与宏观经济体制改革保持同步，而市场经济体制基本框架计划在20世纪末初步形成，这是在考虑政策、措施力度并综合了现实条件和基础以及社会经济总体发展水平进行的适中安排，如果企业体制改革过于超前，将造成宏观配套政策难以跟进。

（2）社会保障制度的建立、非生产性资产和单位的剥离、社会中介服务机构的建立和运行短期内难以到位、奏效，因此企业制度改革节奏太快、力度过大，可能会引起社会较大震荡，诱发新的社会问题。

（3）人们的思想观念、思维方式和行为准则还很不适应形势的发展。在没有充分的思想准备的前提下，急于步入实施，难免留下诸多问题，增大改革成本。况且公司制改组的法律性文件（如《公司法》）也未能解决新、老三会的衔接问题。当然，改制时间也不能拖得太久、拉得过长，太慢了会影响人们对改革的信心，破坏改革声誉，加大改革成本，会带来一系列的负效应。正确的改革思路应使成本较小、效果最好或成本最小、效果较好。要改革的速度和力度适中，这就要求保持宏观市场经济体制改革与微观企业体制改革和机制再造同步。两者相辅相成，并行不悖。

8. 项目股份合作制是一种新型的项目管理组织形式

这种组织形式有利于企业在不增加投入或较少增加投入的情况下迅速扩充资金，促进企业经营规模的扩大、增强职工的凝聚力，也有利于培育股份制经济成分，项目在保证上交企业的基础上实行按资与按劳相结合的分配形式。客观上，项目职工压力明显增大，而且重要的是项目有了最大限度追求利润的内在动力，其积极作用是肯定的。但项目股份合作制是一个"非驴非马"的东西，至多只是模拟的股份合作制，因为项目不是法人实体，没有独立的民事行为能力，也不承担民事责任，而且这里存在很多难以解决的复杂问题。例如，项目领导体制如何建立？法人委托人怎样产生？项目管理人员是由项目经理挑选，还是由项目职工推荐？采取什么形式实现两层分离和保证项目资源的优化配置？最大的问题莫过于这种组织形式将造成企业利润中心的下移，形成企业和项目职工群体两个利润主体，由于项目一次性特征影响和受项目利益驱动的牵引，项目职工群体不仅会最大限度追求项目经营和管理效益，而且也将尽最大努力与企业争利，这可能造成企业效益的流失；损害企业聚财功能，从而影响企业整体优势的发挥。如果项目职工群体不是一次性的，而是较长时间的、相对稳定的聚合，那么项目职工群体将相对固化。其由于自身资产（金）不断积累、发展壮大，逐渐成为相对独立的生产经营实体，最终可能形成与企业分庭抗礼、分而治之的局面，从而导致企业经济实力的削弱和整体优势的肢解。鉴于此，我并不主张发展项目股份合作制。

2.5 企业制度创新逻辑思考

国有企业改革滞后,国有企业与非国有企业比较优势逐渐消退,使我国社会经济生活中累积矛盾,国有企业改革已经成为刻不容缓的紧迫任务。可是,国有企业改革的必要性、重要性和实践的紧迫性尚未被许多企业所认识,不少企业还在犹豫彷徨、等待观望,难以形成改革的自觉行动。不少国有企业经营不善、产品结构失调、管理粗放、财务状况恶化,大量"失血"现象仍在继续,已经或正在损害国有经济肌体。鉴于此,有必要重新认识国有企业改制的目的、意义和历史必然性。如果我们不能从思想上认识企业改制的深刻内涵,不能巩固、发展和不断壮大国有经济,那么我们将会为迟疑不决、久拖未果付出沉重的代价。

党的十四大明确提出,我国改革的目标是建立社会主义市场经济体制。党的十四届三中全会又系统地描述了建立社会主义市场经济体制的蓝图,标志着我国经济体制改革进入了一个以企业改革为重心的新的历史阶段。在这一历史演变过程中,国有企业制度创新占有举足轻重的地位,现代企业制度能否建立起来,在一定意义上,决定着我国社会主义市场经济体制改革的成败。我们可以通过这样一种逻辑关系式来考察企业改制的必要性和历史不可逆转性,即市场经济←→经济组织←→市场竞争主体←→企业法人实体←→资本在法律和经济上的分离←→投资主体←→政资分离←→政企分开←→宏观管理体制和调控体系的建立←→市场经济。这个逻辑关系图描绘一个闭合的企业改革回路,其基础是市场经济，它既是企业改制的出发点，又是企业改制的归宿，核心是企业产权制度改革，重点是企业的公司制改造，前提是政企分开。根据上述企业改制逻辑关系图，我们稍加展开阐述。

什么是市场经济？如何把握市场经济运行的基本特征来推进企业的改革与发展？

第一，社会主义市场经济的本质特征要求市场机制成为整个社会资源配置的基本手段，建立现代企业制度是要构造与宏观经济体制相适应的微观基础。本质上，企业应当成为对市场信号能够做出灵敏反应的市场主体。

第二，市场由于存在一定的自发性和盲目性，为避免无序竞争造成社会资源浪费及由此产生的负作用，必须采取适宜的、协调统一的政策和措施矫正其行为，但宏观调控手段的实施必须依据价值规律，以保证调控政策的有效实施。

第三，市场运行将纳入法治化轨道，作为市场主体的企业必须接受法律法规约束，按照市场规则有序运行。

第四，企业必须以市场为导向，以追求效益最大化为目的，不断调整经营战略和工作方针，调整产品结构、组织结构和经营结构，推进科技进步，采用现代化管理手段和方法，以灵活的机制满足市场经济公平竞争、优胜劣汰之需要。

市场经济的基本特征表明作为市场主体的经济组织的一切活动必须以市场为中心来展开，首先解决面临的三个基本问题："生产什么""如何生产""为谁生产"。"生产什么"，完全取决于消费者的"货币选票"，消费者的需求通过市场反馈给企业，而企业接收到这种需求信号时能够做出迅捷灵敏的反应，并权衡生产投入、产品的市场容量、资源状况和赢利水平等，如果是有利可图，那么企业将采取适当的策略与之相适应。

2.5 企业制度创新逻辑思考

"如何生产"将取决于不同生产者之间的竞争。用哪些人、采用什么资源、运用什么样的管理手段、方法和技术才能应付价格竞争和适应获取最大利润的需要?唯一的办法是采用效率最高的生产方式、把产品成本压到最低点。这就必然涉及企业经营自主权的充分发挥,如投资决策权、资金支配权、物资采购权、人事任免权、劳动用工权、产品定价权、工资分配权、设备处置权等,唯有这一系列经营权力的充分发挥与运用,才可能使企业营造适应市场激烈竞争的灵活的经营机制。"为谁生产"则取决于生产要素市场的供给和需求,取决于工资、利率和利润水平。换句话说,谁来享用和取益于所生产的物品(即社会产品的总量将如何分配给不同的消费者)。这就要求企业必须研究市场、了解消费对象、制定适宜的营销战略,以取得理想的投入产出效益。

作为经济组织的企业能够解决"生产什么""如何生产"和"为谁生产"需要一个重要前提条件。这就是它必须拥有充分的经营自主权。或者说,它必须成为独立的市场竞争主体,拥有完全独立自主的民事行为能力和权利能力,并能够对自己的行为能力承担相应的民事责任。遗憾的是,我国传统企业并不拥有这种自主经营权利。正如美国著名学者米勒所言,中国的企业不仅不是企业,也不是工厂,而是一个城市,因为它包揽了几乎所有社会职能。这就要求现有国有企业必须进行非经营性资产、设施、人员和社会职能的分离,按照市场机制原则重新架构企业的管理体制和经营机制,以适应市场经济条件下竞争的需要。可是,企业要成为独立的市场竞争主体,做到自主经营,则必须能够对自己的民事行为承担民事责任,成为真正意义上的企业法人实体,即企业应该拥有自己独立支配的财产权利,因为能够承担盈亏责任的是财产所有者而非财产经营者,这就要求企业必须实现民事权利能力和民事行为能力的统一,享有对企业全部财产依法独立支配,即占有、使用、收益和处分的权利。企业只有取得这种能够独立支配的法人财产权，才可能对自己的民事行为承担民事责任，真正成为自主经营、自负盈亏、自我发展、自我约束的法人实体和市场竞争主体。

然而，企业法人的财产来源于出资者。出资者将自己的财产的全部或部分投入企业后，才可能实现资本在法律上和经济上的分离。出资者让渡了法人财产权成为该财产的终极所有权者、成为企业的股东，只拥有该财产在价格形态上的所有权，对企业享有重大决策、产权变动与重组、资产权益和选择管理者等权利；企业破产时，出资者只是以投入企业的资本额为限对企业债务承担有限责任。而企业以全部法人财产享有依法自主经营、自负盈亏、照章纳税，对出资者承担资产保值增值的责任，成为股东的代理人，拥有法人财产权并在实物形态上享有实际占有、支配、收益和处分权利。当企业破产时，企业以全部法人财产对债务承担有限责任。出资者所有权与法人财产权的分离，有利于企业成为真正的法人实体。如果企业没有必要的财产，企业就不具有法人条件；企业对其法人财产不具备独立支配的权利，企业就不能依法独立承担民事责任，也就不能成为民事法律关系中的主体，企业的市场运行主体地位和作用也难以形成和发挥。

那么，谁来充当出资者？这需要确立投资主体。建立现代企业制度进行公司制改造的主体是国有企业，而国有企业或国家控股企业的投资者主体是国家，因而国有投资主体的确立是考察的主要对象。按照目前的设计和实际运作中的国有投资主体主要类型为国有资产经营公司、国家投资公司、国家控股公司、企业集团的集团公司和国务院授权投资的部门。这五种形式的国有资产投资主体是一种介乎政府和企业之间的特殊企业，专司国有资产的营运。从实践来看，上述公司多数由原政府部门换牌子或具有行政性管理职能的行业性总公司充任，能否真正履行国

2.5 企业制度创新逻辑思考

有资产的经营职能，而不是实行"婆婆+老板"的双重职能。再者，国有企业尤其大中型国有企业改制时国家是否一定占控股地位，很值得研究。坚持公有制占主体地位，主要应当体现国家和集体所有资产在社会总资产中占优势，国有经济控制国民经济命脉及其对经济发展起主导作用。按照这样一个思路来设计，国家独资公司和国家控股公司应限定在特殊产品和特定行业（如基础产业和支柱产业），而量大面广的竞争性行业则由国家在财力许可的情况下实行参股经营。必要时将部分国家股权让渡出去，以便集中有限财力致力于关乎国计民生的产业和产品的发展，可能是更明智的选择。除国有投资主体外，非国有投资主体的培养和发展也是非常必要的，这有赖于资本市场和金融市场的建立。我国应加快产权流动和转让步伐，推动企业产权重组，实现企业资本的优化配置。

国有投资主体的确立，前提是必须实行政资分开，而政资分开的关键是实行政企分开（即政府的行政管理职能与经济管理职能分开、政府的社会经济管理职能与国有资产所有者职能分开、国有资产管理职能与国有资产经营职能分开，国有资产管理部门专司国有资产行政管理职能，国有资产投资主体具体行使国有资产运营职能）。这就要求必须健全各级国有资产行政管理机构，充分发挥其对国有资产统一行使管理职能，保证国有资产管理的权威性和有效性，并实施对企业国有资产的监督管理；国有资产的运营逐步由原来的对企业实物形态财产的直接支配，转变为对价值形态和国有资本的经营，通过确立国有资产投资主体地位，强化和落实国有资产的经营责任。

政企实行分离以后，政府应注重加强宏观管理体制和调整体系建立，政府的主要经济管理职能是：运用财政、税收和金融政策，保证社会经济稳定增长和收入的公平分配；稳定经济和社会发展战略、方针和产业政策；控制总量平衡；规划和调整产业布局；运用利率、税率、汇率等

▶▷ **国有建筑业企业改革**

经济杠杆和价格政策,建立市场秩序;制定市场规则,规范市场行为,建立统一、公开、平等和开放的生产要素市场体系;健全和完善法律体系;培育和完善社会中介服务组织;建立和完善社会保障制度;改善宏观经济环境,通过市场调控和引导企业经济活动,最终形成国家调控市场、市场引导企业的运行机制。

2.6 现代企业与传统企业的比较分析

现代企业制度是适应社会化大生产和市场经济要求的产权清晰、权责明确、政企分开、管理科学的面向国内国际市场的企业法人实体和市场竞争主体的一种制度体系。现代企业制度的主要内容包括健全的企业法人制度、明确企业的投资主体、规范的公司组织制度、完善的企业人事劳动工资制度、健全的企业财务会计制度、充分发挥党组织的政治核心作用、加强工会工作和完善职工民主管理等。现代企业制度的基本特征表现为健全完善的企业法人制度、科学和规范的法人治理结构和有限责任制度。现代企业与传统企业相比较具有明显的优越性，其主要差别体现在如下 12 个方面。

1. 清晰的产权关系

产权是出资者对其投入资本金的企业法人财产所拥有的财产权利。企业产权的主体是投资者。传统企业产权关系模糊是因为国有资产的所有权和产权是合一的，代表国家行使国有资产所有权的政府部门不仅对投入企业的财产价值形态实行直接支配，而且对其实物形态也拥有完全的处分权。现代企业产权关系是清晰的，国有资产所有权和产权是分离的，出资者和企业之间的产权关系通过法律予以界定，并明确各自的权力、义务和责任。出资者把资本注入企业后不得撤资，也不能支接支配，只能依法转让，而产权转让也只是价值形态的财产权益转让，而不是企业法人财产实物形态的转让，实物形态的资产转让是企业的行为，属于企业经营权范畴。这种转让也仅仅是改变了出资者的权益归属，不会造成出资者的资产流失，也不会影响企业行使法人财产权。这样就有利于企业根据市场需求自主决定其经营活动，并对自己经营行为承担盈亏责任。

2. 健全的法人制度

传统企业的财产所有权和经营权是合一的，国家作为单一的投资主体，对企业实行国有国营，出现了政府办企业、企业办社会的现象。企业不是独立的法人组织，没有法人财产权，难以对自己的经营行为承担盈亏责任，企业事实上成了国家的一个分厂或车间，因而企业缺乏追求利益的内在动力导致企业机制僵化、活力不足。而现代企业实行出资者所有权与法人财产权分离，国家是出资者，企业享有独立支配全部法人财产的权利，并以全部法人财产独立承担民事责任。这种企业法人财产权的确立使企业能够真正地成为法人企业，从而建立推进企业追求利润的内在动力机制。这就为企业面向市场、参与竞争、自主经营、自负盈亏提供了制度上的保证。

3. 明确的有限责任制度

传统企业对企业债务承担无限责任，其所在国家集行政管理、经济管理和资产所有者诸多职能于一身，代表国家直接参与企业微观管理活动，企业在失去了法人地位的同时失去了对企业法人财产独立支配的权利。国家作为企业财产的主体，在出资者所有权和企业法人财产权重叠的情况下，理应承担企业全部债务责任。因此，传统企业即使出现经营危机，国家出于政治、经济和社会多重原因考虑不得不忍痛向那些资不抵债、濒于破产的企业无限度地输血，从而导致社会资源的浪费和生产效率低下。现代企业由于实行国家出资者所有权和企业法人财产权分离，整个国有资产与投入企业的国有资产实行分割，企业拥有依法独立支配全部法人财产的权利，自主经营并独立承担盈亏的后果。这样就解除了国家对企业债务承担无限责任的权利。国家作为出资者，以出资额为限只承担有限责任，同时按出资比例享有资产收益分配权、重大决策权和选择管理者的权利。

4. 投资主体多元化

传统企业是国家投资，形成单一的国有制企业，企业财产均属于一个主体——国家，国家财产一旦投入企业，就既不能流动、也不能转让，成为非社会化的、自然经济性质的，如此企业间缺乏相互竞争的条件和基础，难以实现资产营运效益的最大化。在现代企业中，国有独资公司极少，绝大多数公司制企业是由多个出资人投资形成的股权多元化的混合产权结构。企业是面向市场的开放系统，是社会化的经济组织，企业产权依法实行有序流动和有偿转让。企业完全按照市场导向和价值规律的要求，实行资产更有效的重新配置，保证了出资者财产的保值和增值。

5. 企业组织制度科学规范

传统企业实行党委集体领导，经理全面负责，而实践的结果是领导者不负责任，负责者不能领导，集体负责等同于无人负责。这种体制权责不明，难以有企业经营的高效益。推行经理负责制后，企业统一管理、专人负责，但国家所有者代表虚置、缺位，没有进入企业，经营决策仍由政府做出，难以适应市场和企业自身发展需要。而现代企业实行决策机构、执行机构和监督机构三权分立，形成相互制衡的权力结构，这种结构在制度上提供了企业股东会、董事会经理层和监事会有效行使各自职权的保证。也就是说，它从制度上保证了企业决策、执行和监督、反馈形成一个闭合回路，从而实现企业决策的权威性和管理的有效性。

6. 单一的经营目标

传统企业的目标是多元的，具有社会、国家、赢利多重目标，企业不是真正意义上的经济组织，不计成本、不讲效益，以稳定作为首要目标，企业的运行严格受国家高度集中的计划经济调控，导致企业包袱沉重、累积的深层矛盾逐渐增多。现代企业以追求利润最大化为唯一目标，为满足投资者回报预期压力，企业将使出浑身解数，开展公关活动宣传和推销，认真确定企业的工作方针和采取灵活、有效的经营策略，积极引用先进的科技方法和管理手段，大力推行能耗低、工效高的设备和工艺，启用一流人才，充分调动各方面积极因素，以市场为导向，开拓市场、创造市场，完全按市场经济规律运行，力争在市场竞争中淘汰对手，独占鳌头。

7. 实行彻底的政企分开

传统企业政企不分，企业在缺乏自主权的情况下，难以依据市场信号做出反应。企业内部政企不分现象主要体现在企业办社会、医院、学校、幼儿园和职工活动中心等。建设公益性社会福利设施应该是政府的社会职能，转交企业承办无疑是加重了企业的负担、束缚了企业的手脚，使企业难以全身心投入生产经营活动，造成企业包袱重、成本高、效率低。除数量极少的国家独资公司和限制其发展的国家控股公司难以完全实现彻底的政企分离外，多数公司制企业在明确出资者终极所有权和企业法人财产权的基础上，完全有可能实行较为彻底的政企分开。出资人和企业的责权利通过法律进行界定,企业办社会将逐步分离出去,交由政府或社区服务机构承办。企业轻装上阵,独立核算、自主经营、自负盈亏、照章纳税,国家则按出资比例享有出资者权益,按股分红。

8. 全新的企业财务会计制度

传统企业的财务会计制度往往偏重于企业资产总量,不注意考察企业负债状况,因而难以真实地反映所有者权益的变化。而且在计划体制起调节作用的情况下,企业资源呈现凝固封闭状态,竞争机制也发挥不出应有作用,企业之间非常有限的竞争并非按照公平、竞争的原则进行,因此对企业的评价也失去了真实性和客观性。现代企业必须建立科学、规范的经营管理制度(尤其是财务会计制度),而"两则"适应了现代企业制度的需要,建立了既能保障所有者权益、又能充分落实企业经营权的财务会计制度。这也有利于保障企业法人财产权利的落实。企业资本作为资源可以进入市场,产权可以转让和流动,有利于企业资源实行结构调整和优化重组。"两则"是适应市场经济的财务会计制度,保持了与国际通行做法相对接,采用国际上通行的制造成本法,使企业经营成果的评价更加客观、真实和准确,有利于克服企业短期行为、增强发展后劲、提高企业市场竞争能力。

9. 企业实行优胜劣汰

传统企业不能破产、难以破产也无须破产。在计划经济条件下,配置社会资源的基本手段是计划机制,企业无偿占用和固化国有资产,无一不力图成为全能式企业。竞争机制基本不起作用,资源难以流动,社会生产要素得不到优化配置,需要资源扩大生产规模的得不到补充调剂,而经营不善、长期亏损的不愁国家不输血抢救,这种"平均主义""大锅饭"的资源分配方式，使企业缺乏激励和约束机制。这一反常的经济现象的背后就是计划经济的划一性和脱离实际"一刀切"，这种违背经济发展客观规律的后果必然导致整个社会资源的巨大浪费。传统企业难以破产的另一原因就是企业实行国有制，国家是唯一的出资者，企业之间缺乏竞争的基础，国家也不可能自己对自己实施破产。市场经济条件下，市场机制成为社会资源配置的基本手段，企业成为面向市场的开放系统，资源必须进入市场，这就要求发挥市场机制的作用，市场机制的重要特征是竞争机制，有竞争就必然有成败，企业经营失败出现资不抵债时就会有破产风险，而成功者则将吸引更多的资源不断发展壮大，形成规模经济能力。

10. 完善的企业人事用工分配制度

传统企业人事实行统包统配制度，主要领导由政府任命，企业用工刚性化，工资分配也是能高不能低（而且受国家直接控制）。现代企业管理人员不再有国家干部身份，董事长为企业法定代表人，由出资者大会选举产生。企业高级管理人员由董事会聘任，经理层人员实行职业化、社会化和市场化，是经营和管理企业的行家里手。企业职工打破了不同所有制的身份界线。企业与职工通过合同建立双向选择的用人制度。企业和员工均可依法解除劳动合同，企业在非常时期可以裁员并承担相应的经济责任；企业的工资总量由国家间接调控，政府制定最低工资标准，对企业工资水平的确定进行指导、监督和检查。企业在坚持"两低于"的前提下，根据效率优先、兼顾公平的原则自主确定职工的工资水平和分配方式，并实行个人收入货币化和规范化。职工收入根据岗位、技能和实际贡献来确定：企业高级管理人员收入根据经营企业业绩、创利水平实行年薪制；董事长收入、监事收入则依据资产保值增值情况由股东会确定并实行年薪制。

11. 企业职工地位的变化

传统企业中职工是企业的主人翁，在政治上取得了当家做主的权利，通过职工代表大会反映广大职工的呼声和愿望。但有的国有企业职工代表大会形同虚设，缺乏制衡机制来保证职工民主管理权利的履行。职工在经济上则实行按劳取酬。现代企业中职工向企业投资入股后，获得股东资格权利，成为企业最高权力机构中的一员，其意志和主张可以通过股东会议充分表达。而且由于职工成为企业的老板之一，如果企业经营失利，作为股东之一的职工将承担有限债务责任，因此职工对企业的经营状况、盈亏结果更为关心，无形中也增强了企业的凝聚力。另外，在收入分配上，职工作为出资者和劳动者，将实行按资分配和按劳分配相结合的分配制度。现代企业带来的这种变化可以真正地实现职工作为企业主人翁在政治上和经济上的统一。

12. 形成了激励和约束机制

传统企业无论是物质上的激励还是精神上的激励均带有很强的平均主义色彩，因而对调动广大职工积极性等作用十分有限。尤其是不少企业偏重于采取惩罚性的激励措施，不仅不能激发职工的劳动热情，反而伤害了职工感情。同时，企业对自身行为的自律约束缺乏制度上的保证，而是凭觉悟和党性原则进行软约束。尽管随着我国社会主义法制建设进程加快，一大批调整企业行为的法律法规相继出台，但不少企业法制观念较为淡薄。现代企业的激励和约束机制的形成源于出资者对自身利益的追求，这种源于产权主体的约束具有强制性。无论是企业的高级管理者、还是普通职工均受到追求利益最大化的目标的牵引，竞争的压力迫使职工必须兢兢业业、拼命工作。职工的业务水平、操作技能、工作效率和劳动贡献将成为其是否受奖的根本依据。企业必须依法经营、照章纳税，强化约束机制，规范自身行为并将其纳入市场经济的法治轨道。

通过对上述两种企业制度的分析比较，我们可以得出一条基本结论：现代企业制度明显优于传统企业制度。企业改制失去的是禁锢和限制企业生机和活力的枷锁，换来的是在市场经济中公平竞争、自主经营、自负盈亏和自我约束的自由。

2.7 企业改制应遵循的基本原则

建立现代企业制度是国有企业改革的方向。现代企业制度是一种适应社会化大生产和市场经济要求的企业制度模式，具有自身的特点和规律性。因此，国有企业改制只有坚持现代企业制度的一般要求和内在客观规律性，才有可能达到科学化和规范化的改制目的。为将企业改制引向正途，能保证与国际惯例接轨，又能体现中国企业之特色，应充分借鉴市场经济发达国家的企业制度经验，并认真结合我国 16 年来企业改革的实践经验，在坚持继承和发展相结合、借鉴和创新相结合的前提下，遵循如下基本原则。

1. 法人财产权独立原则

现代企业制度实行出资者所有权与企业法人财产权分离。出资者按投入企业的资本额享有资产收益、重大决策和选择管理者等权利；企业破产时，出资者只以投入企业的资本额为限对企业的债务负有限责任。出资者行使权利不会影响企业的经营自主权，这是因为出资者行使权利必须和企业法人财产权相结合。出资者一旦将财产注入企业，便不能直接支配这部分财产，也不能随意从企业抽回。出资者对企业投入的财产、资本金增值和企业经营中负债共同构成企业法人财产，企业对法人财产依法独立享有民事权利并承担民事责任。出资者不能直接干预企业法人财产权，更不能任意干预企业的经营自主权，即使出资者以实物投入企业，一旦形成企业法人财产后，出资者只享有这部分资产的产权，只能够以出资者身份从价值形态上行使产权，而不能对企业依法支配这些实物加以干预。企业既可以将这些法人财产组成部分的实物投入生产运行；也可以按照一定原则将这些实物出售，其收入归于企业的资本金；还可以将这些实物向外投资，使企业成为另一个层次上的出资者并享有出资者的产权。出资者享受出资者权益、行使出资者权利，是在另一个层面上运作的，和企业独立行使经营自主权不交叉、不重合，也不在同一个层次，因此也不会干扰和影响企业法人财产权和经营自主权。由出资者对企业经营活动依法行使产权主体的约束权力，并不意味着出资者可以任意干预企业经营权；而是通过出资者信托的董事会对企业的经营决策进行约束和施加影响，以保证出资者注入企业的资本金保值和增值。出资者也可以按照一定的原则，在市场上转让归属于自己的产权的全部或部分，但这种转让只是在出资者之间进行，不影响企业法人财产的整体性和统一性。

2. 权力制衡原则

现代企业的权力架构是按照三权分离的原则设计的，从本质上讲，出资者对自身权益的保护是其形成的客观要求。企业权力结构有如下三个层次。

（1）出资者所有权的行使。当出资者支持或信任其所投入资本金的企业时，出资者行使所有权：一是按法律和公司章程规定，选举和聘任所有者的代表——董事会，并通过董事会聘任企业主要经营管理人员；二是在企业经营盈利过程中，按自己的出资额分取红利；三是根据企业发展需要，将红利的全部或部分追加资金注入企业，扩大企业资本金；四是当企业破产清盘时，按出资比例从企业剩余资产中追索属于自己的

2.7 企业改制应遵循的基本原则

那一部分。当出资者疑虑或反对所投资的企业时，出资者所有权行使：一是依法改造或改聘所有者代表和企业主要经营者；二是依法转让出资份额，通过市场竞价收回投资。在公司制条件下，股东会是企业的最高权力机构，履行出资者所有权。

（2）企业法人财产权的行使。企业法人财产权是企业对其全部法人财产依法拥有的独立支配的权利。出资人一旦以资本金形式将财产注入企业后（即与出资者的其他财产区分开来），出资者不能直接支配这一部分财产，而且除依法转让外也不得从企业中抽回。法人财产权是法定的，企业对法人财产享有占有、使用、处分和收益权，企业作为法人可以现金、实物和无形资产等向外投资，并依法获得投资收益，形成企业的利润，只不过企业利润应该属出资者享有的收益权范畴。不仅如此，企业在依法行使法人财产权利时，必须以保全企业资本金为前提，保证出资者投入企业的财产保值增值，这是企业对出资者必须承担的义务。在现代企业中，法人财产权的支配者是董事会，而股东的信托人代表董事长是企业的法定代表人。

（3）企业经营权的行使。企业日常生产经营管理工作是由训练有素的专家型的经理层人员来运作的，具体负责组织实施董事会决议，包括组织实施企业年度经营计划和投资方案、拟订企业内部管理机构设置和基本管理制度以及企业章程规定的其他职责。由此可见，现代企业的权力架构导致了科学规范的企业组织制度的形成，包括股东会、董事会、经理层和监事会。股东会是由全体出资人组成的公司最高权力机构；董事会是由股东会选举产生的代表全体股东利益的公司常设权力机构，向股东会负责，负责聘任或解聘经理并授权其统一负责企业日常经营和管理；监事会是由股东会选举产生的代表股东利益，并对董事会及其成员以及高层经营管理人员进行有效监督的机构。决策机构、执行机构、监督机构相互独立、权责明确、相互制约,保证各司其职,有效行使决策权、监督权和执行权。

3. 企业自主经营、自负盈亏原则

现代企业是以营利为目的的法人企业获得了法律上的人格化地位。其与单一业主制企业和合伙制企业相比较,不同之处在于:一是前者出资者所有权与企业经营权重合,出资者直接经营企业,出资者是民事主体,而企业不是民事主体;公司制企业法人是民事主体而非自然人。二是单一业主制和合伙制企业条件下,出资者所有权与企业财产权重合,出资者是完整的财产所有权主体;而在法人企业条件下,资本所有权需分割为法人财产权和出资者所有权,企业拥有法人财产权,股东拥有最终所有权。三是单一业主制企业和合伙制企业的出资人对企业债务不仅承担无限责任,还要承担连带责任(即债权人可以向任何一个股东追偿企业的全部债务);法人企业的出资者对公司债务承担有限责任,如果企业资不抵债,每个股东出资额以外的财产不受影响。四是单一业主制企业和合伙制企业完全可以由企业主亲自经营,而法人企业需要委托代理人经营。董事就是股东的代理人,股东对董事的委托是建立在股东对董事信任的基础上的,股东与董事的关系是信托关系,而非授权关系。董事的信托责任体现在:股东要赋予董事代表自己的权利;与此相适应,董事也必须承担相应义务(即必须以全体股东的利益为唯一的行为准则)。通过上述自然人企业与法人企业比较分析,我们可以清晰地看到,法人企业财产权的确立是使企业能够真正成为自主经营、自负盈亏、自我发展、自我约束的法人实体和市场竞争主体的必要条件。企业享有法人财产权是其独立存在和依法运作的基础和前提。企业一旦拥有对其全部法人财产独立支配的权利(即对企业财产不仅占有使用,而且依法处

分和享受收益权），才有可能真正地成为民事法关系中的主体，实现民事权利和民事行为能力的统一，并以全部法人财产独立承担民事责任。

4. 股东所有权淡化原则

国有企业进行公司制改造，除特殊行业和生产特定产品的企业需改造为国有独资公司外，绝大多数属于竞争性的企业，是要构造混合所有权结构的法人企业。这里需要讨论的是企业的混合所有权或多元化产权结构的深度，为了保证企业法人财产权的充分独立行使，我们认为，企业股权应当高度多元化和分散化，其主要理由如下：一是企业产权的高度分散化，可以避免较少的大股东任意干预企业的生产经营，难以设想某一股东占据企业控股地位不会过多插手企业事务，但是要削弱和抑制股东，除非改变投资者向企业注资目的（即出资者向企业投资的目的不是为了控制企业，参与企业的经营事务，而是获取丰厚的利益回报）。二是股权高度分散化和多元化有利于促进资本的流动，资本流动的意义在于可以根据市场需求调整资本流向，促进资源向符合国家政策的行业和产品聚集，实现社会资源的优化配置和充分合理有效利用资源，例如，1987年日本个人股东达到2580万人，占全国人口的五分之一；美国要求上市企业的股东人数必须达到1万人以上。三是股权的分散化使绝大多数股东难以影响企业经营，这有利于企业法人全面获得对企业资产的独立支配权，而这种独立地位为企业提供了独立面对市场、自主经营、承担盈亏风险的必要条件。四是股权分散化在削弱股东权力的同时，强化了企业家的作用和地位，必须依靠一支专家型人才队伍来经营管理企业。他们训练有素，熟悉社会化大生产和市场经济的内在规律和运作方式，掌握现代科技知识和先进的管理方法和手段，能够娴熟地运营企业，满足股东投资额回报需求。企业唯有实现股权的高度分散化和多元化，才有可能从根本上实现所有权和经营权的彻底分离。

5. 风险分散化原则

适应市场经济的现代企业制度下,无论是出资者、董事、经理人员,还是一般职工都面临着不同风险。但他们面临的风险和程度是不同的。

就出资者来讲,他面临着投资风险,在激烈竞争的市场条件下,任何一个企业都不可能一定成为市场竞争中的胜利者。只不过企业采取公司制形式后,出资者即使面对企业高额负债,也只是以出资额为限承担有限的责任。事实上,每个投资者对外投资绝不会"将鸡蛋装在一个篮子里",因此有限责任制度和分散投资可以使投资风险进一步降低。这里存在的突出问题是,国有企业改制一般国家股和国有法人股所占比重较大。大多数国有股权占企业股本金30%以上,有的高达70%~90%。这不符合化小投资风险的原则,可以考虑非垄断性行业和企业适当让渡部分国有股权,广泛吸收社会法人股、社会公众股和职工个人股,稀释国有股权,形成股权多元化,以减少国有资产投资风险。

再看董事和经理人员,他们面临企业倒闭和经营风险。如果决策不慎、经营思想不端正、没有较好把握市场机遇,或者生产手段、管理方式、营销策略、产品结构和经营机制等不适应市场需要,都有可能导致企业经营失败,从而影响企业的生存与发展,过低的盈利水平或发生亏空将导致砸掉饭碗、失掉信誉。

一般职工的命运更是与企业荣辱兴衰紧密相连,如果企业破产,广大职工将面临失业的风险,这种"一荣俱荣,一损俱损"的强大压力将促成股东、董事、经理和广大职工结成利益共同体,团结协作,同舟共济,共同面对风险,承担各自应负的责任,进而增强企业凝聚力。

6. 协调矛盾和淡化冲突原则

首先，现代企业制度坚持贯彻同股同权、同股同利的原则，出资者权利的大小取决于持股比例的多少，出资者出资越多，享有的权利越大，承担的责任和义务也越多，当然投资回报也越高。出资者的权利和义务对等，这将有助于淡化股东之间的利益冲突。

其次，现代企业制度由于受来自产权主体的硬性约束，形成了有效的激励和约束机制，无论是企业、还是广大职工都必须具有很强的自律精神，规范和约束自己的行为，分工协作、互相配合，与企业的长远发展目标保持一致，求得共同发展。

再次，在分配制度上实行按资分配和按劳分配相结合，也有助于缓解劳资矛盾，尤其是企业职工出资入股分享所有者权益后，将进一步模糊劳资边界，淡化资方与劳方的利益冲突。全体职工将为共同利益所驱动，兢兢业业，诚实守信，共同为企业的振兴和发展贡献力量。

最后，市场经济是法制经济，企业必须依法经营、照章纳税，企业和全体职工的行为必须置于健全完备的法律体系框架内运行。这将协调股东之间、股东与职工之间、职工与职工之间的经济矛盾和利益冲突。各个利益主体相互谅解、互相妥协，保持基本的利益平衡。

7. 社会参与原则

现代企业的运作需要良好的外部环境，需要社会的广泛参与。例如，需要健全的宏观管理体制和调控体系，需要统一、开放、竞争、有序的生产要素市场体系，需要高度发达的股票、债券、期货等金融市场和商品市场，需要健全完备的法律体系，需要社会化的中介服务机构，需要健康的宏观经济运行状况等。没有良好健康的外部条件和法治环境，现代企业的运作就失去了基础和条件。

8. 职工参与原则

在社会主义市场经济条件下的现代企业制度，职工的主人翁地位应当体现为政治和经济的高度统一，广大职工只有出资参股取得股东权利才有可能更深入、更直接地参与决策，职工参与民主管理的建议权、参与权、监督评议权和知情权才会表达得更具体、更深刻。况且，改革开放以来，我国经济蓬勃发展，城乡人民生活水平大幅度提高，广大职工的积蓄不断增加，允许职工参资入股将大量的社会闲散资金转化为生产经营资金，这既可以缓解商品市场供求压力，又为国家经济建设开辟了财源。更为重要的是，广大职工向企业注资，不仅有利于改善企业股权结构，而且为建立多元化产权组织形式的公司制企业创造了必要条件。

2.8 国有资产管理体制和营运机制改革

我国经济发展与经济体制改革面临诸多亟待研究解决的重大问题，如所有制结构和经济结构调整、职工下岗和再就业、农村农业和农民问题、西部大开发、城镇化建设、健全市场体系和加强宏观调控、社会保障体系建立、国有企业改革等。本书将重点讨论国有资产管理体制和营运机构改革问题。

党的十六大提出："继续调整国有经济的布局和结构，改革国有资产管理体制，是深化经济体制改革的重大任务。"这是因为国有企业进行制度创新，核心问题是建立企业法人财产制度，其前提必须实行政资分开，即国有资产管理职能与国有资产运营职能分开，明确企业的国有投资主体。目前，国有资产管理经营体制由三个层次构成：第一个层次是国有资产行政管理机构，即国家国有资产管理机构和省、市、区国有资产管理委员会或国有资产管理办公室，代表国务院行使国有资产所有者职能；第二个层次是国有资产经营机构，由国有资产管理局授权，履行国有资产经营职能，按照市场机制运作国有资产，使其保值增值；第三个层次是由国有资产经营机构作为投资主体的出资入股，形成对所投资企业的控股参股，包括全资子公司、控股子公司和参股公司。第一个层次、第二个层次构成国有资产授权经营关系，第二个层次、第三个层次构成国有资产委托经营关系。授权经营和委托经营的差别如下所述。

（1）主体不同。授权经营主体是代表国家行使国有资产所有者职能的国有资产行政管理部门，而委托经营主体是国家授权投资的机构或授权的部门，其主要职能是负责国有资产的经营。

（2）对象不同。授权经营的对象是国有资产经营公司、国家投资公司、国家控股公司（或企业集团）的集团公司，它是介于政府部门和一般企业之间的一种特殊企业，多为行业性总公司或行业主管部门；而委托经营的对象是量大、面广的一般法人企业，与投资主体共同构成母子公司体制。

（3）性质不同。接受国有资产授权经营的企业成为国有资产投资主体，必须改组为国有独资有限公司，适用于生产特殊产品和特定行业的企业，而委托经营的受托企业一般属于竞争性行业企业，多数为有限责任公司（或少量的股份有限公司）。

（4）对外投资不同。授权后的投资主体，可以是纯粹的国有资产经营主体，对外投资不受《公司法》中规定的"不超过50%注册资本金"的限制，而且此类公司不完全受《公司法》制约。

（5）股权性质不同。授权主体对外投资形成国家股权，被注资企业一般为全资子公司或控制子公司，一旦注资投资者就不得撤资，但可以依法转让；而委托经营的企业对外投资形成企业法人股，既可以撤资、也可以转让，其扩资活动或减资活动是经常性的，有别于授权经营的注资活动是一次终结性的。

上述三个层次的国有资产管理经营体制的基本框架符合政资分离原则，有助于培育企业独立法人地位，但在实际运作过程中尚存在许多问题需要进一步研究解决。

首先，国有资产行政管理机构设置的非科学性和统一行使国有资产管理的权威性和有效性。目前，我国国有资产行政管理机构隶属于财政部。客观上难以保证国有资产行政管理机构统一行使国有资产所有者职

2.8 国有资产管理体制和营运机制改革

能。在这种政府部门拥有国有资产所有权的情形下，政府的社会管理职能难以同国有资产管理职能分开，国有资产行政管理和运营职能分离也难以取得实质性进展。

行业主管部门受托行使所有者职权，要保证有效行使国有资产所有权，则必须将国有资产所有权的行政管理职能集中到专司国有资产行政管理机构，这样才能保证并强化国有资产行政管理机构的权威和政策的统一性，进而促进国有资产管理和运营的高效率。

为保证国有资产管理的权威性和有效性，必须与政府机构改革相结合，专职的国有资产管理机构应从政府部门中分离出来，隶属于同级人民代表大会，并对人民代表大会负责。通过立法，统一行使对国有资产的行政管理，包括制定统一国有产权管理政策，国有资产转让和交易法规，统一选派、管理、考核、培训国有产权代表等。目前，也应着力强化国有资产管理机构的权威性，充实必要人员，提高水平，增强实力，而非对现状不闻不问，任凭国有资产所有权管理中业已存在的政资不分、政企不分、政出多门、推诿扯皮等弊端演化和发展。

其次，国有投资主体的确立及其职能转换。按照《决定》和国务院建立现代企业制度试点方案的规定，国家授权投资机构或授权部门是企业国有资产投资主体，并行使国家股权管理职权。但从实践看，还存在不少问题需要进一步探讨。一是国家授权投资机构的职能转换问题。目前，明确国有投资主体为国有资产经营公司、国家投资公司和企业集团，但从建筑行业角度观察，上述四类能够成为国有投资主体的多数是地方建筑工程局改编而成的，其本身带有行政管理痕迹，部分集团公司也是行政性公司转化而来的，沿此发展轨迹形成的国有资产经营性公司，既有行业管理职能、又有企业性质，再加上行使国有资产所有者职能，其结果有可能会强化"政企不分""政资不分"的倾向，使所投资企业在摆脱了原"婆婆"控制后,又面临新"婆婆"加"老板"的双重干预。二是国家授权投资的部门职能转换。政府部门充当国有资产投资主体,这样会使政府部门行政性管理职能和国有资产经营职能重叠,这样的政府部门难以避免其行使国有资产出资者职能时,不行使任何政府行政管理职能,除非在政府部门中独立出资产经营中介,否则有可能强化企业主管部门"政资不分"的旧体制。有的试点企业将存量股权适当分割后,交由不同政府部门持有,由此形成企业股权多元化。这样不仅不利于政资分离,而且损害国有资产所有权统一行使,更为严重的是,如果是特殊产品或特定行业的企业会危及国家股控股地位。三是界定国有投资主体与国有资产经营企业权责关系。国有投资主体是介于政府和企业的特殊法人企业,对所持股企业享有出资者所有权,包括资产收益、选择管理者和重大决策权。所持股企业应拥有全部法人财产权,即依法对其全部法人财产享有独立支配权,包括占有、使用、收益和处分权。从改制实践考察,众多国有企业改制后,法人股、个人股和外资股所占比例少且股权分散,难以形成股东之间的有效制约,企业产权难以流动,资不抵债时也难以破产。尤其是企业集团、全资子公司缺乏完整的法人财产权,出资者所有权与法人财产权没有分离,产权责任不清,母子公司权责不明,资产纽带没有发挥出应有作用。

显然,国有投资主体必须切实转变职能,按照母子公司体制,通过企业集团的章程明确各自的权责,规范投资主体与所持股企业关系,确保母子公司之间形成平等的法人关系。国有投资公司应当从政府部门分离出来,成为专门的资产经营中介组织,按照母子公司的产权关系对所持股企业进行规范的股权管理,当"老板"而不是再扮演行政管理者的角色。

最后,谁充当国有资产所有权代表。通过一定的法定程序产生合格

2.8 国有资产管理体制和营运机制改革

的国有资产所有权代表是有效行使所有者职能、保证国有资产安全和不断增值的决定性因素，也是关系到彻底实现所有者职能与行政管理职能分离的关键。从现实看，在确定国有资产所有者代表问题上存在两难选择：一方面，一些已经改制的企业中国有产权代表由厂长、经理担任，这与现代企业公司治理结构所要求的董事长（所有者代表）与经营者相分离是矛盾的，尽管这可能有利于保持与过去推行的厂长、经理负责制相衔接，但不符合所有权与经营权分离原则，而且会损害权力结构的相互制衡作用，进而危及制衡机制的有效运作；另一方面，如果由企业主管单位或行政性公司（虽然已经改头换面为投资公司）派人员直接进入企业，这些人员多数不谙经营业务。作为资产代表，他们有权对企业资产运营进行直接干预，而这种干预更实在更深刻，使企业更难以从政府的干预下走出来、重新陷入"婆婆"加"老板"的双重压力中。

国有资产代表应该是懂经营、会管理，熟悉现代化管理方法和掌握现代科技知识的企业家，具有驾驭市场能力、果断决策能力、法律知识和风险意识很高的专家型人才，有强烈的敬业精神，善于把握机遇，熟悉企业运作，具有相应的工作阅历和娴熟的业务能力。国有资产投资的公司制企业的股东会、董事会和监事会中都应有国有资产所有者的代表，以加强资产所有权的监督和约束，因此在所有者代表资格审定上必须制订一套有别于选拔政府公务员的标准。从现实和预测考虑，国有资产所有权代表可通过如下途径产生：一是由国有资产管理机构授权国有资产经营主体，由其根据相应的资格条件，向所持股企业委派所有权代表；二是由国有资产管理部门直接任命符合条件的人行使所有权代表职能；三是可以设立专门的"董事局"，负责选拔、培训、考试合格的人才，充任国有资产所有权代表。我们要通过建立科学规范的国有资产代

>> **国有建筑业企业改革**

表资质管理制度和制度化的国有资产代表形成机制,并建立和完善相关配套的制度,例如:国有资产管理监督制度,国有资产运营责任制度,国有资产代表约束、奖惩和报告制度,以保证国有资产安全运行和不断增值。

2.9 公司制改组及运作

建筑业要成为国民经济的支柱产业，充分发挥其在社会经济发展中的主导产业的地位和作用，只有从行业自身寻找对策和出路。建筑业的振兴和发展有赖于行业支柱企业的发展和壮大，通过寻求新的经济生长点，焕发蓬勃生机和活力，因此抓住一批国有特大型建筑企业资产重组和公司制改造，形成产权清晰、权责明确、政企分开和管理科学的现代建筑企业，就能够带动整个建筑行业的发展，促进建筑行业的繁荣与昌盛。

根据国有建筑企业规模、组织结构和地区布局，结合适应未来国家经济建设和社会发展的实际需要，充分考虑建筑行业自身发展的可能性和必要性以及适应国际承包市场激烈竞争要求，建筑企业可以按照四种组织形态进行分批分期改造。

第一类如中建总公司、中石化总公司等全国性的行业总公司和省、自治区、直辖市建筑总公司，视其需要和可能分别改组为国家投资公司、国家控股公司、国有资产经营公司或企业集团的集团公司，接受国有资产经营授权，成为国有资产运营主体。这类企业一般控制在50家左右，并且其主体应当成为经营实体型的集团公司，与所属公司按照母子公司体制进行改造，形成有全资子公司、控股子公司和参股子公司的多层次、多法人的股权式企业集团。纯粹的国有资产经营性公司应控制在少数，而且须转变其职能，按照《中华人民共和国公司法》和相关法律规范运行。

第二类为具有一级总承包资质的工程建设总承包企业为代表的大型建筑企业,其主体改组为股份有限公司,部分具备条件的可以成为上市公司。这类企业应由国有资产居相对控股地位,其数量一般占到现有国有大中型建筑企业的1%(150家)左右为宜,目前这类企业多数属中央部属总公司和地方省建总公司的子公司,应逐渐采取委托经营的方式从原行政体制中分离出来,并独立运作。

第三类为国有大中型建筑企业,视其条件和基础可以改组为股份有限公司或有限责任公司。其主体应改组为多个股东持股的有限责任公司,一般国有股不占控股地位,国家让渡部分股权,实行参股经营。

第四类为国有小型建筑企业。这类企业组织形式灵活多样,可以改组为独资企业、合伙制企业、股份合作制企业(或出租、出售、联合、兼并、拍卖、个人承包、转产等),凡有利于充分发挥存量资产效益,增强企业活力和生机的组织形式和经营方式均可采用。同时,在企业改制过程中,对下述三种情况之一的企业必须实行企业重组或破产处理:一是连续5年资产负债率超过100%;二是累计亏损额占资本金的比重超过70%;三是一半以上的债务拖欠超过最后偿还期限3年以上的。如果不对那些严重亏损、资不抵债的企业坚决予以破产,就难以形成资源的流动和产权的重组,而那些急需获得资源以发展、壮大的优胜企业也难以真正地"活"起来。

实现公司制改组的关键是构造多元化股权结构,因此建筑企业可以根据不同的企业组织形态定位情况选择不同的改组途径和方式。

在发展建筑企业集团过程中,经济实力强大的企业为投资主体,采取投资入股的方式,对其他企业进行控股或参股。以持股公司为核心企业,形成不同层次、多级法人的企业组织结构,构筑起企业集团框架。

2.9 公司制改组及运作

在核心企业系列的投资、控股和参股过程中，实现众多的国有建筑企业股权结构多元化，以实现公司制改组。对于多级法人企业，既可以由最高层次的法人企业直接经营、充实并壮大核心企业，也可以由具有较强经济实力的某一法人企业改组为集团公司，接受国有资产经营授权，并对委托资产管理的企业进行产权改造，通过投资入股、相互持股、互换股权、环形持股、交叉持股或循环参股等多种产权组合形式，形成以资产为联结纽带的企业集团。

建筑企业集团是建筑行业的支柱企业，代表着行业的发展方向和建筑生产力水平，其基本标志如下所述。

一是解除历史负债，卸掉了"办社会"的包袱。通过改制明确了企业法人财产权，使其能够以全部法人财产独立地享有民事权利和承担民事责任。

二是企业智力技术密集，实行总分包管理体制，具备与国际一流承包商相抗衡的经营规模和技术经济实力，跻身国际市场。

三是有较强的融资功能，设立财务公司并扩大业务范围（包括吸收商业银行参股、与银行开展正常的资金拆借、开办证券和外汇业务以及商业票据中间业务），经批准可以通常多种渠道筹措资金（包括设立专项基金、建立国际信托投资公司、设备租赁公司等非银行金融机构）。

四是国家对支柱企业比照中外合资企业、经济特区和高新技术开发区企业的经济政策和权利，给予同样的政策和规定，甚至对少数特大型支柱企业授予更大的管理权限。政府只通过制定全社会的、统一的政策、法规和标准进行间接调控和监督，而对支柱企业的经营决策和过程管理不予干涉。

五是允许支柱企业设立驻外贸易机构，有权自主决定对外商务活动、出口产品、输出劳务、对外工程承包以及进口必需的物资和产品，下放

>> 国有建筑业企业改革

或简化出入境手续，由支柱企业自主决定出国政审和办理护照等事宜。

六是支柱企业必须发展成为集科研、设计、施工、采购一体化，商工贸旅多种产业一体化，国内国外一体化的跨国经营集团，实行多元化和多方位经营，形成多产品、多产业的格局，增强对市场变化的适应力和竞争力。毋庸置疑，造就和培养建筑支柱企业不仅是建筑行业振兴和发展之希望所在，也是建筑业企业公司制改组的最主要的目标之一。

在推进企业兼并过程中，优势企业可以吸收劣势企业的资产并作为股份或股权，使优势企业资本构成多元化；也可采取向劣势企业投资入股、控制劣势企业股权，改变劣势企业股权结构，实现企业的公司制改组。

在盘活存量资产中，可以将企业全部存量资产整体进行股份制改造，或将存量资产的部分改组为股份制；也可以将企业存量资产出售一部分，以改变企业资本构成，实现公司制改组；还可以在两个或多个企业之间，在资产评估基础上交叉持股、相互参股或互相等额换股，实现企业产权主体多元化，达到公司制改组目的。

在企业扩大经营规模，需要增加投资时，通过向其他法人、社会个人或内部职工募集资金，实现企业资本构成多元化，从而增量资产实现股份化，以达到公司制改组目的。

"引资嫁接"改造。在企业引进外资或技术时，可以将投资或技术作价转换成股权，实现企业股权多元化，从而实现公司制改造。

国有建筑业企业公司制改组的完成，并不意味着企业改制任务的终结，在第一类公司制企业和第二类公司制企业中，要么实行国家独资公司形式，要么国有股占控股地位，因此国有股能否实行规范运作关系到能否成功实行公司制度。

首先必须坚持"同股同权、同股同利"原则。坚持以股份为基准，使每股拥有平等的权利，实现国有股有的权力非国有股也应该有，国有股有的利益非国有股必须有，非国有股没有的权利国股也没有，国有股和其他股一样，必须按公司法和企业章程行使权利。

其次，保证公司依法运营。公司的科学管理依赖于公司职能部门的分工，相互制约和依法定的职权有序运作。根据权力机构、决策机构、执行机构和监督机构相互独立、相互制约、相互协调的原则，建立由股东会、董事会、经理层和监事会组成的管理机构，并通过公司章程明确责任、各司其职，从而保证公司有效运行。国有股作为股东按投入公司的资本额享有所有者的资产收益、重大决策和选择管理者等权利，但这种权利是每一位出资者所共有的，都必须依公司法和企业章程规定的权限和程序行使。例如，行使重大决策和选择管理者的权利，任何股东都只能通过在股东大会上行使表决权而实现，并且决策事项仅限于《公司法》和企业章程规定的职权事项；管理者也仅限于选举和更换董事；股东大会的召集程序和议事规则也必须遵守公司法和企业章程的规定。

最后，企业国有股是由不同的投资者的股资形成的，国有股很可能是多个，有中央国有股、地方国有股、国有法人股等。在同一公司中，不同的国有股之间是平等关系，而非隶属关系且不存在下级服从上级的问题。对于国有股是否进入市场流通的问题，一些人认为，国有股不进入证券市场流通可以避免证券交易中的风险，从而实现保值。实际上，这是一种误解，因为他们忽视了股份的三个基本功能：一是依所持股份分配股利和在公司解散或清盘破产时分配剩余财产；二是通过控股和持股实现对公司的控制；三是通过在证券市场上的投机取得公司以外的收益。这三种功能是相互联系的。单一的功能不可能完全孤立地发挥作用。由于国有股不能进入市场流通，一些上市公司利用国有股不流通或限制流通这一缺陷，采用股不同权、不同利的分配方式。例如，给国家股、

>> **国有建筑业企业改革**

法人股每 10 股派发现金红利 2 元,给个人股东每 10 股分送红股 2 股。在这种分配方式下,个人股东以股票面值(即 1 元的价格)取得 1 股红股,而实际上所有上市公司的股票价格或股票实际价值均大大高于股票的面值。也就是说,可以流通股份以大大低于股票价值的价格购买公司的股份。这显然是对国有股权益的侵犯。长此以往,更为严重的后果是影响企业股权结构变化,置国有股和法人股于缩股状态。鉴于此,应当允许国有股按照国家股权交易和转让的有关法律法规进入市场流通,保证国有股权与其他股权的地位平等。

2.10 企业存量资产界定与工资含量节余分流

国有企业进行公司制改造,面临的首要任务是清产核资、摸清家底,按资产不同性质合理分流,界定产权归属,核实企业法人财产占用量,打通补充国有企业资金渠道,构造合理的股权结构并进行资产评估和企业产权登记,真正确立企业法人财产制度,使企业能够成为独立支配法人财产权的自主经营、自负盈亏的市场竞争主体和法人实体。

企业改制的基础工作之一是清产核资,即对企业存量资产进行离析。存量资产离析的目的不是要改变资产所有权性质。存量资产离析的目的是要根据其不同属性,明确其不同用途,以更好地发挥存量资产的作用。在企业存量资产离析过程中,应注意把握以下几个方面。

(1) 有效资产与无效资产的分离。有效资产是指企业存量资产中具有增值功能的资产,企业通过这部分资产运营能够创造新的价值,它将构成企业资本金主体。无效资产是指在价值和实物形态上已经报废不可能带来新的价值的资产。这类资产应在清产核资中予以一次性注销,否则将拖累改制后的企业。

(2) 有形资产与无形资产的分离。有形资产是指厂房、设备等有实物形态的资产,这类资产一般在清产核资中比较容易受到重视,而无形资产(如工业产权、专利和商誉等)在评估作价时却往往被忽视,其实企业无形资产的价值量有时超过有形资产价值量(如"上海大众"品牌价值达7388万元)。

(3)经营性资产与非经营性资产的分离。我们在存量资产分离中必须将从事企业生产经营活动的资产独立出来,以便准确评价和考核经营性资产的创利水平,而医院、学校、托幼和职工住房等非经营性资产则必须逐步从企业中分离出来,使企业甩掉包袱、轻装前进。这里还涉及企业生产用地和生活用地的分离问题。《股份有限公司土地使用权管理暂行规定》指出:"土地使用权作价入股占国有资产总股本的比例不得低于土地使用权作价总额占进入股份制企业的国有资产总额的比例。"实质上,这明确了企业生产用地必须作价入股,而且以生产性用地作价占国有股本额比例为基本依据,以此比例或大于该比例的土地使用权作价进入国有股本金。

(4)主业资产与多元化经营资产的分离。应将存量资产中从事主导产业和生产拳头产品的资产单独划出,以便精干主体,逐步形成规模经济水平。多元化经营与主业性质不同,也应从存量资产中分离出来独立运作。

(5)债权与债务的分离。这里特别注意要理顺"三角债"关系,债权方应当保留债务的追索权,而债务方由于种种政策性和非政策性、经济或非经济的因素影响,难免会在债务清偿过程中进行一场旷日持久的拉锯战。

(6)权益与负债的分离。所有者权益是出资人对企业净资产享有所有权,包括其注入企业的资本金及其增值,负债是企业承担的能够以货币计量、需要以资本或劳务偿付的债务,是一个会计核算主体必须在将来要放弃的经济利益。前者构成产权关系,后者形成借贷关系。两者性质不同、权责关系迥然,不可混淆。

(7)国有资产与待界定资产的分离。国有企业尤其是一些新中国成立初成立的企业,由于数十年滚动发展,与其原始注入的资本量相比,

2.10 企业存量资产界定与工资含量节余分流

企业资产量发生了很大变化,企业通过贷款、融资租赁等方式更新或添置了大量的生产手段,而有些企业财产归属主体模糊,成为游离于企业之外的"无主财产",造成事实上的企业产权界定过程中的真空。因此应先将产权主体明朗化的国有资产分离出来,再来逐项研究明晰其他资产的归属,明确其产权主体。

(8)对职工负债与工资含量节余的分离。企业对存量资产进行分门别类离析后,紧接着需要明确产权归属,即对产权主体进行界定。目前,不少企业在改制过程中肆意截流、肆意隐匿,甚至采取种种非法手段侵吞国有资产的行为。这些行为值得警觉。对一些改制企业在进行清产核资、评估资产过程中转移存量资产,从而导致国有资产流失现象。由分析和考察可知,产权归属争议较大的集中体现在如下几个方面。

一是人们普遍对国有企业原始投入应全部返还国家没有疑义,但对经过多年滚动发展,企业资产增值部分应进行适当分割,以对职工多年实行低工资而进行剩余价值创造予以必要的补偿抱有期望。但是不能忽略过去虽然实行低工资制,但也实行高福利制度,各种明补暗补加总,使职工工资性收入水平并不低。将企业增量资产部分进行适当分割,由不同主体所有,这不仅是对投资者权利的侵害,而且在实践上根本无法操作。

二是由贷款形成的企业资产应归属于全体职工利益代表——企业,其基本理由是贷款是负债经营,不属于出资者权益范畴。但这里忽略了一个基本事实,即使建厂或企业运营全部靠贷款支撑,但企业能够获得贷款。这是因为其国有企业的特定身份作信用担保的,国家通过政策性银行放贷,改变的是"吃大锅饭"现象,但国家财政预算资金的性质并未发生变化,何况国家在实质上通过种种保护国有企业的政策投入了大量的有形资产和无形资产。

三是建筑企业存在大量融资租赁形成的资产。这也是通过借贷方式逐渐累积的企业存量资产的一部分。这部分资产形成后企业虽然承担了贷款风险,但从根本上讲风险承担者是国家,因为国家对国有企业的亏损(甚至资不抵债时)承担无限责任。作为政府部门附属物的这类企业,既然不能自负盈亏、自主经营,也不应有产权要求。

四是工资含量节余的产权归属。建筑企业推行百元产值工资含量系数包干,不少企业含量积累数额巨大。这部分资产通过滚动发展已经凝固于企业存量资产之中。应当如何分流、是否划出部分和将其全部作为对职工负债?这是值得深入分析的。我们认为,应当根据其形成的不同原因和不同途径,进行分流返还(待后专述)。而企业职工对其中部分的产权要求有合理成分的,应予以重视。

对企业存量资产的产权归属抱有希望等导致不少企业改制过程中发生了许多变通转移企业资产的做法,造成事实上国有资产流失。其主要流失的渠道大致归纳如下。

(1) 将企业存量资产的一部分无偿划转给企业内部成立的社团法人组织和事业法人组织或企业职工合作社,由其向企业反向投资入股。

(2) 虚冲企业存量资产坏账、呆账和死账,将隐匿的这部分资产划入企业公积金或公益金,损害所有者权益。

(3) 假办附属企业,转移企业国有资产。

(4) 企业生产经营性用地未作价入股,只交纳土地占用使用费或租金。

(5) 在引资嫁接改造国有企业时,国有资产低价入股,导致控股权丧失;或将企业低价卖给外商。

(6) 国有股不分红、不配股,或只分红、不配股,侵蚀国有股权。

(7) 存量资产的部分进公积金,而不进股本金,侵害国有股东权益,

2.10 企业存量资产界定与工资含量节余分流

或经营性资产变为非经营性资产，游离于股本金之外。

（8）企业资产体外循环，不注册进账，形成大量的账外资产。

（9）将存量资产中较好的划出改制，"搞活一块，死掉一片"。

（10）以空壳公司逃避贷款责任，造成死账。

（11）企业部分设备、非生产性设施高价卖出、低价买进，然后进行托管。

（12）虚冲实收债权，虚支实冲债务。

（13）搞假法人，转移资产创办合伙制企业，反向投资形成企业法人股。

（14）地方政府和有关部门乱开口子，免税减利，造成国有资产收益流失。

（15）产权交易不规范，将国有资产廉价出售给集体或个人。造成国有资产流失和产权主体移位。

这里提出了一个尖锐的问题：企业改制的目的是什么？目的是调动广大职工的劳动热情和激发企业的生机和活力，而绝不是打击和挫伤企业和职工的积极性。企业产权界定引发的国家和企业乃至广大职工在利益格局重新调整中所暴露的深刻矛盾更直接和表面化。这有违改革初衷将给改革带来许多负面影响。究其根源，这是计划经济向市场经济转轨过程中出现的所谓"内部人控制"所致（一个企业内部的经理和职工事实上具有对投资、利润使用等的控制权）。这是因为新旧体制转轨的真空为其提供了进一步加强自己权力的契机，因此必须对内部人控制进行控制，以最大限度地避免和减小内部人控制而导致国有资产流失和社会资源的浪费及其他消极现象产生。但是根本无视企业和职工在新的利益格局中应占有的合理、合法的份额，未必是明智之举。因此，我以为，有必要进行相关的政策调整。例如：除将企业存量资产中工资含量节余作为调整国家和企业职工三者利益关系的筹码外,企业其他资产统统由国家作为产权主体享有出资者所有权。

建筑企业实行百元产值工资含量系数包干,目的是刺激建筑生产力水平的提高和经营规模的扩大、控制消费资金的过快的增长。改变按人头核定工资水平的平均主义的分配方式,尽管将企业工资提取多少与完成任务多少挂钩存在一定问题,在客观上造成建筑企业以追求产值为目标。但以历史的眼光评价,其积极作用还是应当肯定的。在建筑企业长期的生产经营过程中,通过不断积累沉淀,其工资含量节余已经转化为企业资产的有机组成部分,有的企业含量积累超过亿元。这么庞大的一笔资产如何处理,是否全部转化为对职工个人负债?我们认为,企业工资含量节余应根据其形成的不同原因,采取适当分流途径,因为工资含量形成的原因是非常复杂的,有职工劳动创造的剩余价值,受到经营效益提高和技术进步的影响,也可能受到国家减税让利、税前还贷、企业留利等政策性因素影响;还可能是合理避税、截留利润、原材料转移价值等因素综合作用而造成含量沉淀。我们应当根据其形成的不同原因和途径,采取分流依序返还,这样较为合理,也容易为各方所接受。

从目前分析结果看,主要有如下分流途径。

(1) 部分含量划入国家资本金;

(2) 部分含量划归国家权益,进入公积金;

(3) 部分含量进入企业公益金,用于职工福利;

(4) 部分含量作为职工配股,可转让、可继承、职工个人享有所有权;

(5) 部分含量用于贡献突出的少数职工奖励配股、虚股分红,职工个人只享受收益权而所有权归企业;

(6) 部分含量用于职工工资性储备、以丰补歉或调资;

2.10 企业存量资产界定与工资含量节余分流

（7）部分含量用于已经离退人员的养老保险金；

（8）部分含量用于冗员消化储备；

（9）部分含量用于社会保障制度改革存储；

（10）部分含量用于其他。

企业存量资产进行合理分流，产权主体也得以明确之后，企业资本金规模偏小。这可能是一个普遍性的问题，因此寻求企业资金补充渠道，并对企业进行产权重组和结构调整是企业进行公司制改造时需要着力解决的重要问题。

2.11
企业产权重组与结构调整

选择适宜的公司制形式和进行存量资产的界定，只是企业改制工作的开始，而大量繁重的工作是进行企业改组（即进行企业资源的重新配置和结构的调整）。企业产权制度改革为企业改组提供了契机，因此我们必须将资产重组与结构调整有机结合起来。我以为，单纯的企业存量资产界定而脱离企业改组的目标实现是没有实际意义的，因为企业中的系列结构调整在企业改制中占有举足轻重的地位，因此本书将重点讨论资本金规模和股本结构、资产负债结构调整及历史包袱的解除、产业结构调整与多元化经营、组织结构调整与资产重组等四个问题。

1. 资本金规模和股本结构

企业要经营，就需要本钱。而本钱又在一定程度上制约着企业经营规模。因此，企业改制后所确立的发展战略目标对企业资本金规模提出了新的要求，资本金规模过大会对企业造成巨大投资回报压力，而资本金过小又会使企业财力运作捉襟见肘。科学测定资本金规模应当以企业盈利水平为基本依据，这可以从实行"两则"后的利润分配程序中得到佐证：33%的所得税，10%的法定公积金，5%~10%的公益金，股东会特别决议还可提任意公积金，最后剩余部分作为未分配利润可作为股利分红。如果资本金规模与企业盈利水平相差悬殊，那么作为投资者的股东收益会降低。这无疑会打击投资者积极性。当然，不能排除企业改制后，资金运作效率提高从而导致资本金相应减少（也不排除依靠较高负债而保持原有资金规模来提高企业经济效益）。这就是说，通过提高资金运作效率和增加负债，达到减小资本金在总资产中的比率的目的，同时仍然可以支撑一定的经营规模。另外，要保证合理适度的企业资本金规模还应考虑现有存量资产增值影响，根据对一些改制企业的考察，企业资产按重置价格评估，一般增值率在50%以上，有的甚至成倍增长。因此，必须考虑的问题是现有资本金规模和为满足一定经营规模所需资金量之间的差额补偿或转移。当然，多数企业面临的矛盾是如何补充资本金，因为企业清产核资或资产评估只是解决了企业现有存量资产核实的问题，而对于富余资金的转移或不足部分的补偿则应通过产权转让或寻求新的资金补充渠道来解决。

合理适度的资本金规模应与资本金利润率水平相适应。企业资本金规模的确定应与股权改造相结合，企业进行公司制改造的重要目的是实现股权多元化，而就多数建筑企业来讲，公司制的主要形式是有限责任公司，按照国家股、企业法人股和职工个人股的股权结构设计，一般比例为4：3：3。

一是国家股。国家股是否占控股地位应视具体情况而定。这里提出的40%股权是从现有大量国有建筑企业资产现状考虑的，仅作参考。按照股东所有权淡化的原则，在向企业投资形成的国家股权最好由多个国家持股机构分别持有，国家虽然控制40%的股权，但由于其分属于不同的股东持有，并且各个国家股东客观存在利益上的制约。事实上，避免了单一国有股东占据控股地位造成对企业重大决策的直接干预。而且一个企业中多个国有股东之间也会相互牵制，客观上有助于经营权的加强和巩固，进而更有效地发挥企业运营者的智慧和才能。

二是法人股。无论是国有企业法人股，还是非国有企业法人股，无疑对股东包括国家股东在内的股东是一种有力的影响。虽然其股权比例只占30%，但由于其投资不同于国家股东控制企业，它不仅希望改善所投资企业经营条件和环境、寻求新的经济生长点，也试图使企业获得较高投资回报，因此它对所投资企业的监督和约束是非常直接和有力的。而且由于企业作为出资者，其实力和自身经营状况对改善所投资企业的股权结构、经营管理、适应市场竞争要求等具有很大的间接推动作用。

  三是职工个人股。职工入股的目的比较单纯，从实践考察无外乎一是获取较高投资回报，二是以此换取一份比较稳定的职业。由于职工个人股量大面广，因此必须由一个职工持股会或职工基金会组织作为职工散股的集中代表，其可以采取配股办法入股，即企业以工资含量节余中的一部分作为对职工过去创造剩余价值的补偿进行适量配股，但职工个人必须对企业投资作为配股条件（如买1股配3股、买2股配5股、买5股配10股等），配股基数应当以职工在一个工作年度内的平均有效工作时间为依据测定，在对所有曾经和正在为企业含量积累奉献劳动的职工进行配股的同时，对那些贡献突出、业绩显著的部分职工，按照一般职工配股的一定比率进行送股，这部分股权不同于职工配股，接受送股的职工只享有收益权，不享有所有权；而配股的职工拥有终极所有权，可以转让，可以继承。职工持股、送股及运作比较烦琐，企业应当制订操作性较强的管理办法，广泛征求工会和广大职工的意见，经过充分论证和试点后，逐步推行。

  股权改造涉及股份有限公司的，将外资股并入股本金，股权结构的变化不应影响国内资金占控股地位，尤其是一些特大型建筑企业集团的改造必须保证国家股占控股地位。

2. 资产负债结构调整及历史包袱的解除

我们先考察一下世界工业化国家企业资产负债情况。

日本：20世纪80年代初，日本企业外部融资的64%是从银行获得，负债率为77%，大型上市公司的债务与股本比例为2.75：1；20世纪90年代，日本企业的负债率已降至62.4%，即使是在金融资本与生产资本相融合的情况下，全部债务与股本的比例几乎为1：1。

美国：1983年，美国企业的负债率为47%，随着企业采取出售资产或发行新的股票，企业债务在资产中的比例开始降低；20世纪90年代末，颇具代表的美国制造业的长期债务与资产比下降到23.9%，目前仍有进一步降低的趋势。

法国：20世纪80年代初，法国企业债务超过总资产三分之二，1983年法国企业的资产负债率为73%，可是到1988年企业债务降到占总资产的63%。

1983年，德国企业的负债率为59%；瑞士企业为65%；英国企业为55%；新加坡、马来西亚等国上市公司的资产负债率，20世纪90年代，一般都已降至40%左右。从世界经济发达国家企业资本结构来看，企业负债率一般保持在45%~60%。大型上市公司的负债率更低一些，股本与负债的比例保持在1：1。

我国建筑企业实行"两则"后，资产负债结构不合理状况日益突出。1994年，全国建筑企业平均资产负债率超过85%，股本和负债比为8.5：1.5，其比值为5.7，比世界工业化国家企业的平均比值1高出4.7倍，其中流动资金负债率达100%。这表明，建筑企业流动资金完全依赖于贷款。建筑企业没有流动资金，完全依靠银行和向其他金融机构贷款或向其他经济组织拆借，这好比一个有生命的机体没有自己的造血

> 国有建筑业企业改革

功能而只能依赖输血存活一样。企业要保持正常运营，一般情况下，自有流动资金应达到企业全部资金的25%~30%。因此改变建筑企业资产负债结构的基本思路是变流动资金的"输血"为"造血"，设计建筑企业资产负债结构。降低负债比率的关键是降低流动资金负债。换句话说，建筑企业资本金制度的建立必须允许有适量的流动资金比率。目前，可靠的办法是将银行对企业的足额流动资金贷款改为向企业投资、转增企业资本金。实际上，从现实条件出发，要降低企业资产负债结构面临两难境地。一方面，考虑到我国企业资产负债偏高的惯性和金融市场的发育水平以及国家财政状况，在一定时期内难以对企业负债进行较大幅度的调整。例如，据国家统计局统计，在12.4万家国有企业中，资产负债率为75.1%，如扣除企业资产净损失和资产挂账4000亿元，资产负债率上升到83.3%。如果把这12.4万家国有企业资产负债率从83%降到60%，那么需要增补资本金为9500亿元，如果扩展到所有国有企业，需要的资本金更多。那么，如何筹集这笔庞大的资本金？另一方面，相比较而言，我国企业资金周转速度慢、运作质量差、效率低，企业自身还债能力低，因此企业负债水平应低于50%的总资本负债率才是符合我国企业实际状况的正确选择。

降低企业过高负债率应该说是一个长期的渐进的目标，目前主要可供选择的途径有如下几个。

（1）对亏损严重、资不抵债的企业，实行产权重组或破产淘汰，促进资源的重新配置和优化组合。

（2）对支柱企业和骨干企业应根据情况处理，豁免部分债务，通过卸掉历史债务负担使其进入良性循环发展轨道。

（3）对政策性原因造成的企业沉重负债，可以视情况豁免一部分，停息挂账一部分，或贷改投转增国有资本金一部分。

2.11 企业产权重组与结构调整

（4）对政府拖欠款形成的企业三角债，应按形成的不同原因和途径分别冲减中央税、地方税或共享税。

（5）对企业的亏损挂账，属于财政应补未补的，应补足；属于企业自行消化的，要制订补亏计划，逐年落实。

（6）对企业的贷款损失，应分别对待。已成为呆账的，属于企业责任的由企业在以后年度利润中弥补，非企业原因造成的应按银行贷款呆账冲销的审批程序进行处理。对于坏账，本着"销账不销案"的原则，可以从实施"两则"后提取的坏账准备金逐年冲销。

（7）对企业之间的债务债权关系，视具体情况采取债权转股权，或以资产作抵押，或以有价证券作质押，或实行兼并，或以资产出售收入抵补等。

（8）对少量的极具优势的企业，应充分发挥其潜力，由其购买和兼并劣势企业，组建企业集团。

（9）通过引进外资和采取嫁接方式，改变资本结构，降低企业负债率。

（10）有选择地在财政、银行和企业间进行债务清理和重组，以解除企业债务负担。企业负债率的调整应与企业股权改造结合，广辟财路，多渠道地增加企业生产经营资金，形成企业增补资金的正常机制。

3. 产业结构调整与多元化经营

实施单一产业发展战略的企业注定不会有发展前途，尤其是企图向规模经济发展的企业集团更是如此。就多数建筑企业而言，合理的产业结构尚未形成，许多企业多元化经营尚在浅层次徘徊，重复投资、重复建设、产品单一、资源浪费、效益低下等现象比较普遍。但是，也有不少建筑企业多元化经营已经达到相当的规模和水平，并不断地向高质量、

>> 国有建筑业企业改革

高水平的阶段发展，产业结构得到不断调整和改善。我认为，建筑企业的产业结构调整应按"4∶3∶3"比例进行（即主导产业占企业总营业额的40%左右）。房地产占30%左右，其他多元化经营占30%左右，形成以主业为龙头、以房地产和科、工、商、贸为两翼的企业产业结构。这样的产业结构将有助于企业形成较强的抗风险能力和合理的企业经营格局，有利于企业提高积累水平和增强经济实力。

目前，大力发展多元化经营、完善企业经营战略在全行业已经成为强劲的发展态势，已经取得积极成效，但有两种倾向值得注意。

第一，由于不适当地强化多元化经营地位和作用，部分建筑企业忽视主业的发展，期望通过多元化经营发展拯救不景气企业，而将过多的精力倾注于多元化经营扩张，或多或少地对主业造成一定损害。一些建筑企业认为，由于受现行微利政策限制，主业的发展始终难以获得较高积累水平。争取宽松的生存与发展空间，由此将视角投向其他产业领域而未能从主业自身寻求解困良策。我认为，建筑企业要获得主业较大发展，在建筑产品价格改革上要尽快取得政策上的突破，否则难以改变建筑企业窘迫现状，也不可能与国际承包市场接轨。但就建筑企业本身而言，更重要的是必须突破滞留于施工阶段的局限，而应向施工的两头延伸，逐步提高多元化经营的能力和水平，提高房地产开发和装饰水平，提高科研、设计、材料设备采购和调试能力（甚至包括前期经营的一体化总承包能力），否则囿于"施工"始终难以摆脱打工仔地位，盈利水平和资质能力也难以提高。我们必须清醒地认识的是，建筑行业要振兴和发展必须从主业自身寻求出路。况且对我们来讲，发展主业毕竟轻车熟路，干了十几年甚至几十年，积蓄了大批的人才、管理经验和装备。这些都是我们开发主业的资源和优势，比起从事陌生的多元化经营项目和产品的开发所承担的风险会小一些。何况发展多元化经营的原始投入来

2.11 企业产权重组与结构调整

源于主业的积累,并且启动多元化经营后还需要不断追加投资,而靠多元化经营自身滚动发展并非易事。这已经为许多企业实践所证明。

第二,建筑企业发展多元化经营,试图以此增强企业抗风险能力和盈利水平,这已经成为广大建筑企业的自觉行动,由此建筑行业资源已经或正在向其他行业转移,而且有的地区企业资源转移的方向、力度、深度、规模和速度已经开始影响主业的发展。

因此,行业管理应坚持这样一条基本原则:建筑行业资源的转移应以不损害行业自身发展为限。不能忽视当前一些国有建筑企业,尤其是一些行业的大型骨干企业提出并已经付诸实施的将一流的人才、一流的技术、一流的管理和一流的设备投入多元化经营项目和领域。我们对此表示忧虑,如果这种以牺牲行业发展为代价的资源转移仍不能触动行业产品价格政策的调整或尽快形成以市场定价的建筑产品价格形成机制,而使广大建筑企业看不到主业发展的希望,那么这种资源转移的势头将难以遏制。从发展趋势上讲,最终可能形成损害行业自身发展为代价而造成行业资源的过度转移,而这种过度转移可能会被市场供需规律所抑制,从而导致行业资源回流。但这是以损害行业为代价的,将形成的是一种被动的政策调整,这种结果是我们所不希望看到的。

4. 组织结构调整与资产重组

现有多级法人制企业,无论是大型建筑企业还是特大型建筑企业基本都具备了企业集团的雏形。探讨这类企业的组织结构调整和资产重组形式是有意义的(何况其涵盖了单一法人制企业),因此这里我们以试图向建筑企业集团演变的多级法人制企业为对象进行讨论。一般地,国有建筑企业组织结构调整可以按六条线进行分解、合并和重组。这六条线是主业生产系统、房地产开发系统、实业开发系统(含装饰、事业单位企业化经营、多元化经营)、设备租赁系统、物资供销系统和社会综合服务系统。一个企业集团形成六个相对独立的垂直管理体系,这样将有利于精干主体、有利于突出主导产业的地位和作用。企业改组应以整个企业集团为对象来展开,而不是以某一层次的法人群体,更不是以某单一法人企业为改革目标。

(1)企业总部的改组。企业总部应向核心企业方向发展,壮大经济实力,完善融投资功能,争取国有资产授权经营,通过产权改造,形成母公司与全资子公司、控股子公司和参股公司之间的母子公司体制。改组后的核心企业主要职能:一是进行直接经营,二是履行对所属子公司的产权管理,以出资者身份享有收益权、重大决策权和选择管理者的权利。企业总部改组主要存在两大问题:一是要注重行政管理职能向资产管理职能转变;二是直接经营实力较弱,应采取不同形式,以多途径壮大核心企业经营实力,成为集团发展的主导力量和牵头企业。

(2)原各公司首先将主导产业部分与其他系统分离,根据各自的优势和现实基础条件,进行土建、土石方、安装、吊装、装饰、特构、运输、调试和试验等各专业力量分解、合并和重组,通过各专业力量相向集中形成"拳头"专业优势,形成各具特色的专业公司,而原行政性管理公司解体。新组建的各公司之间既有分工又有协作,优势互补,协调发展,将彻底地改变传统体制下企业大而全、小而全、万事不求人的组织结构形式。按照社会化大生产需要组建的各专业公司之间的密切配合,将使企业集团在整体实力上得到进一步增强,真正地发挥在技术上优势互补的组合效应、在专业分工上的规模效应、在资金运用上的整体效应和放大效应。各公司改组一般应以有限责任公司起步,依发展需要有条件的可逐步向股份有限公司转化。

(3)原各公司内部的分支机构在进行分解重组后,可以分步改造为

2.11 企业产权重组与结构调整

新的专业公司的子公司和分公司。一般地,离本部较近、缺乏较强经济实力的可改组为公司所属分公司,与公司共同形成生产经营的主体。长期在外独立运作形成了比较强的经营管理能力,而且技术装备达到了一定规模和水平,具备自主经营、自负盈亏的能力,可以改组为公司投资控股的子公司,并构成企业集团的半紧密层企业。

(4)各公司改组后,相互之间的联系是由技术上的互补性和专业分工上的相互依赖性而产生的,整个集团的凝聚力进一步增强,但这种以生产经营技术作为联结的纽带是不牢靠的,它常常伴随着很强的行政命令才能奏效。所以各公司应以产权为纽带,通过相互间交叉持股、互换股权或循环持股等多种形式,构造一种新型的、更紧密的、更牢靠的资产联系。但我们要注意的是子公司不得向母公司反向持股,以免造成母公司股权混乱。

(5)其他系统的改组可以同步进行,也可以在主业改组完成后分步进行,按照扬长避短、存优去劣的原则,充分发挥专业优势,形成独立运作的垂直管理体系,并与母公司建立控股与被控股的资产关系,形成母子公司体制,成为企业集团的紧密层企业。企业组织结构调整表现为企业资源按照市场机制原则进行优化配置,其实质是企业资产的重新组合。因此,企业应建立模拟产权转让市场,促进企业资源流动,通过联合、合并、兼并、分立等多种方式实现资产重组和企业组织结构的调整与完善。

企业改组成功只是为企业发展提供了制度上的保证,但要使企业适应市场要求、获得持久发展的动力源泉、避免企业破产,那么必须进一步转换企业经营机制。因此,企业改制必须与转轨同步进行。这一点是非常重要的。

2.12
企业职工持股会建立及运作

1. 职工持股会的性质

职工持股会是一个群体组织,如果要实现其独立的民事行为能力和民事权利能力的统一,并成为相应承担民事责任主体,那么它应是一个社团法人组织。这个组织必须由股民选举产生,对股民投资进行有效管理,监督企业为满足股民投资回报预期尽心竭力。同时,这个组织作为股民的集中代表享有出资者权利(因股东身份享有资产收益、重大决策、产权重组、分立合并、兼并转卖和选择管理者权利)。这个组织必须代表和维护股民利益,体现股民意志,反映股民心声,为股民谋利,否则就是失职。显然,这与具有特定使命的工会组织所承担的任务和应当履行的职责是不相同的。从某种意义上讲,两者具有本质上的不同,因此由工会替代持股会并对股民的投资进行托管是不合适的。那么,为什么现实中存在许多由工会替代持股会的现象且为股民所接受呢?实质上,这恰好反映了股民的不成熟和股民的市场经济意识淡薄,以及对作为投资者的权利的无意识的轻视。工会的职责是维护每一个会员的权益,当会员与股民身份重合时,两者利益趋同,可以掩盖工会与持股会在性质上的差异;而当两者分离时,为维护会员的利益,不能排除以损害股民利益为代价的可能性。而且,从发展趋势看,非社会、非政府性质的企业内部职工持股会是职工金融资产运作主体,与社会性的工会组织的融合不仅有可能混淆两者职能,削弱工会在协调劳资纠纷中的地位,还有可能影响其作用的充分发挥。即使作为权宜之计暂由工会组织代行职工持股会职能,也应将其从工会组织中分离,使之独立运作。这样既有利于建立科学、规范的企业治理结构,也有利于广泛吸收职工闲散资金、壮大企业资本、扩张企业经营规模。

2. 职工持股会的资金来源

建筑业企业职工持股是具备一定基础的。这得益于行业推行百元产值工资含量系数包干的工资制度改革举措。日积月累形成的工资含量节余属于职工个人的应付未付工资部分,可以由负债转化为向企业投资。现在有些部门和个别学者竭力否认这部分工资性节余的职工产权归属,企图混淆其权属关系。这实质是在打击那些曾经为企业长远发展,为国有资产保值和增值做出了积极贡献的经营者和广大职工,是一种典型的鞭打快牛的短期行为。广大职工节衣缩食,形成的工资性节余属职工权益,理应得到保护和尊重。从目前实践看,职工持股会的资金主要来自如下五个渠道:

(1) 送股。划出工资含量节余的一部分,按照职工工作年限,在有效工作日内创造的剩余价值量的大小,直接分送给曾经为工资含量节余做出过贡献的职工。这部分产权应属于职工个人,拥有者是这部分财产的终极所有权者,享受可转让、继承和收益权力。这部分产权也可以以货币形式发放给职工个人,拥有者有权决定不向企业投资入股而转为他用。

(2) 配股。由于每个职工为企业发展所做的贡献有大有小、创造的工资含量节余也有多有少,因此应从工资含量节余中划出一部分为职工配股。这部分可以实行按实配股、虚股分红,受益者不享有所有权,只有收益权,最终所有权属于企业(进入法定公益金)。配股的多少可以根据应分配的工资含量积累量的大小和企业承受力实际状况而定。

(3) 个人投资入股。为了改善企业负债结构、调整股权比例,可以吸收职工个人作为出资者向企业注资。这样做不仅有利于培养职工市场经济意识并将部分消费基金转化为生产资金,也有助于提高职工对企业的关切度,在一定程度上增强企业凝聚力。

(4) 从企业奖励基金或公益金中拿出一部分资金购买本企业的股票分列职工个人名下。职工个人只有收益权,没有所有权。当职工个人调离或退休时,企业可以收回产权并划归企业公益金。

(5) 由公司担保从银行借款购买公司股票分列个人名下,为了达到稳定企业骨干的目的,激励他们为公司资产和股票增值努力工作(如企业的高级管理人员、特殊工种、高级技工、管理和技术骨干人员等),也可以给予其规定时限(如5年)内的一定数量的购股权,以现时股价购买公司原始股。现实中,有的企业将对职工负债的工资含量节余划出一部分作为职工的公共股。对于公共股,职工只享有收益权,不得转让,不得继承,其所有权属于企业。这种共同拥有有可能产生资产收益分配上的平均主义"大锅饭"和强化企业特权思想,在操作时应引起重视。

3. 职工股权的设计

作为社团法人,职工持股会集中代表着众多散股的利益。其统一投资时,对企业注资形成的是社团法人股,而非职工个人股。职工股权应如何设计,应根据实际情况而定。一般地,职工持股的目的一般有如下三种:一是控制企业。这需要占控股地位,股权比例或持有股份在50%以上(当然如果股东高度多元化和股票高度分散化时,这一比例可以大幅度降低)。从现实情况看,这种可能性不大。二是为了获取较高的投资

2.12 企业职工持股会建立及运作

回报,这是所有投资者的直接目的,职工投资也不例外。三是将投资作为换取一份稳定工作的必要代价,这恐怕是许多职工投资的深层原因。假定第三种可能性存在,那么职工股权比例小比大好,因为其在股东会中占有一席之地时,就有可能影响股东会决策。当其利益与决策有矛盾时,如果企业因非常原因需裁员或解雇部分职工时,职工股东就会强烈抵制失业决策的做出。建筑业企业实行两层分离,剥离部分作业层人员,使之走向社会劳动力市场,从而塑造一批实力强大、功能完善的总承包龙头企业的长远发展战略也将由此受阻。更令人担忧的是,职工普遍地以"雇员"和"股东"的双重身份存在,难以避免会出现职工工作压力消失或减弱、不遵守规章制度,在职工的监督和管理方面出现困难。另一种情况是,如果职工所持股份较少而股权较小,难以形成对其他股东(尤其是国有大股东)的制约,在国有股权被一家投资主体所持有且占绝对控股地位的情况下,股东会的重大决策将全部由国有股权代表所控制,即使是决策有可能损害小股东利益,仍然能顺利通过。如果国有股权占绝对控股地位,那么难以避免国有股权代表左右股东会,或听命于国家股东一家之言,导致新的、隐形的政企不分。这种情形将导致职工对企业重大决策的漠不关心,从而破坏企业的凝聚力。目前,不少建筑业企业在进行公司制改组时,多数采用了有限责任公司的形式,但股权设置只有国家股和职工股。这不仅不符合《公司法》法定的股东人数要求;而且在股权结构设置上,国家股占到70%以上,这对建立股东之间的制衡机制将产生严重危害。事实上,完全可以出让部分国有股权,同时吸收一定企业法人股,将职工持股分为社团法人股和职工个人股,并且适当地增大法人股和职工个人股股权。在上述职工持股第三种可能性不存在(或即使存在也有措施可以避免和克服)的前提下,当法人股和个人股权分别设置在30%左右时,将有助于发挥股东之间的制衡作用。这不仅切实可行,而且有利于改善股权结构,保证股东会的健康运转,克服不必要的矛盾和摩擦,以实现协调矛盾和淡化冲突的公司制改组的要求。

4. 职工持股会的运作

作为股东之一的职工持股会,职工注资后不得撤资,企业不得退股,其产权转让可以限定在企业内部职工之间进行。职工持股会作为散股的集中代表,可以依据持股比例派人员参加股东会,并通过选举进入董事会参与企业经营决策,也可以由股民直接选举产生信托人参加股东会并进入董事会,充分行使股东的资产收益、重大决策和选择管理者的权利。当企业在职工工资、奖金、劳动保险和有关福利等涉及职工切身利益问题进行决策时,作为职工股权代表的职工持股会应依据《中华人民共和国公司法》《中华人民共和国劳动法》和企业章程等有关法律、法规和规章,充分反映职工的呼声和愿望,切实保障职工股民的正当权益不受侵犯。当企业面临兼并、转卖或破产等重大变故时,职工持股会应以适当形式充分表达股民意见,体现股民意志,以股东身份做出积极而有力的回应。因生产经营需要,企业进行扩资或减资时,职工持股会应当坚持职工股权同比例增加或减少。职工购买本公司的股票,其原始股可以由持股会制作股权证,交由股民持有。职工股扩股后,可以以不记名股票形式,在集中管理的存根簿上载明股票数量、编号及日期等。由于职工股的加入,尤其在内部股东与外部股东并存时,内部股东有可能通过多种方式和各种手段"侵蚀"外部股东(也包括国有股东的权益)。现实中,一些上市公司给外部股东分红而给内部职工股配(或给外部股东分红、而给内部职工股既分红又分利)的做法,均属于不规范的行为,应予以杜绝。因此,在运行中,坚持同股同利的原则应特别引起重视。根据职工持股会资金来源性质不同,如本书第二部分所阐述的持股会资金

2.12 企业职工持股会建立及运作

来源渠道之二、之四、之五,因其产权不属职工个人所有,而应属于入企业公益金,所以职工股分红前应进行适当扣除,用于全体员工的公益事业支出、福利费超支和一旦面临经济性原因被裁人员的生活费补贴。持有企业股份的职工离退休、提前退养、调离和被辞退时,应根据不同情况,分别做出继续持有股份、继承、转让、由企业收购股份等处理。职工持股会的运作应坚持有章可循,切忌随心所欲、误入混沌状态。

2.13 企业冗员分流

受到曾经的高度集中的计划经济体制影响,国有企业实行"低工资、高就业"的职工就业终身制度。这种刚性的职工能进不能出的就业制度,使企业进行结构调整时难以解决职工再就业问题。尤其是广大国有建筑业企业受国家基本建设规模起伏波动影响,企业内部冗员沉积、效率低下,这已经成为建立现代企业制度、适应市场经济发展的严重障碍。因此,分流富余职工,使企业按照市场机制原则来配置资源,是摆在我们面前亟待研究解决的重要问题。

根据目前改革实践和企业制度创新的要求,企业冗员分流可选择如下途径。

1. 创办第三产业,作为企业冗员分流的主渠道

积极发展多元化经营,有利于调整企业经营战略、改善企业产业结构、提高抗风险能力、增强企业市场竞争能力和经济实力。而且就企业改制的需要来讲,由于创办第三产业能够创造更多的、新的岗位(特别是在社会失业保险制度未建立前,它将成为分流富余人员的主要渠道之一),因此创办第三产业具有更为特殊的意义。企业为分流富余人员而兴办的第三产业需要大量投入。因此,国家应予以大力支持和鼓励,给予优惠的贷款扶持,享受财政部和税务总局联合颁布的《关于企业所得税若干优惠政策的通知》(财税字〔1994〕001号)规定的减免税政策。对于新建的国有企业或其他企业，政府有责任优先向社会劳动中介机构推荐在职富余人员。

2. 转岗培训，为富余职工的重新就业创造条件

富余职工是计划经济体制造成的。因而政府、社会和企业有责任为其重新就业寻找出路。建筑业企业应当按照市场机制原则，充分运用《条例》赋予企业的用工自主权，根据生产经营的需要依法录用或辞退职工。对失业职工应进行岗位培训，通过大力发展社会劳动就业服务中介机构，及时提供就业指导和职业介绍，帮助其重新就业。在职工失业期间，失业保险机构应按照《劳动法》规定，定期发放失业救济金和医疗补助费，保证其基本生活水平。

3. 内部退养，加速企业富余职工的分流

为了有效裁减不适用的员工，企业可以对距法定退休年龄相差不足五年的那些长期体弱多病、工作任务不饱满、不适应繁重体力劳动的部分女职工，经本人申请，实行提前退休的办法。待其退休年龄达到法定退休年龄时，再调整有关退休工资和福利待遇。企业参照有关规定并结合企业实际经济状况决定相关标准。对申请提前退休的职工，应采取鼓励性办法，而不宜采用惩罚性办法，以减轻提前退休职工的心理负担，避免造成不必要的矛盾。

4. 自谋职业，寻求新的就业岗位

企业富余人员中的相当一部分是由专业不对口、体弱、生理、性别等的差异所造成的。富余人员并非社会无用之人，富余人员的形成很大程度上是传统计划体制造成的。建造师与建筑市场最大的危害在于，它导致了人才学非所用、用非所长。这种错位极大地浪费了人才资源。因此，富余职工主动提出自谋职业的愿望和热情，理应受到尊重和保护，应采取鼓励政策使其各得其所、人尽其才才尽其用。同时，按照国家有关规定发放一次性生活补助费，至少在其谋职期间，使其衣食住行有保障，而不致堵死其寻求新的工作岗位的大门。

5. 鼓励外调和协商调出，促进富余人员有序流动

传统就业制度强调的是个人服务组织安排，而非依据个人爱好、兴趣择业。它限制了企业员工潜在能力的充分挖掘与发挥。因此，如果富余人员寻找到能够发挥自己一技之长的岗位，企业应当鼓励或帮助其实现外调之目的。对于外调人员，企业应采取在一定时期内保留其来去自由的政策，以解除其后顾之忧，使其勇敢地迈出第一步。

6. 买断工龄，一次性解决职工与企业的脱钩问题

企业经与富余职工充分、平等协商，并取得本人同意，可以根据该职工为企业工作的时间的长短和贡献大小，确定一个能保证终生维持其基本生活水平的补偿基数，割断职工与企业经济联系的"脐带"。该项费用一般不宜支付给职工个人，而应作为一种投资，交由个人持有其股权，以换取一份较为稳定的工作，或者通过企业为该职工向社会保险机构投保，保障其病有所靠、老有所养、终有所托。

7. 停薪留职，鼓励职工勇敢地走向市场

企业应允许职工在不彻底丢掉现有"饭碗"的前提下"下海"，追求新的职业和岗位。对那些毅然选择失去现有工作而"下海"的职工，企业应提供指导和帮助。职工走向市场不仅对个人才能的发挥具有积极意

义,而且无形中也增加了企业之间的竞争压力,迫使企业必须尊重知识、尊重人才,形成一种良好的社会风尚。

8. 辞退,促进员工优胜劣汰机制的形成

企业对那些违反劳动纪律,长年不能胜任本职工作,虽经多次转岗培训仍不能适应现有工作岗位,或给企业造成重大经济损失(如泄露企业商业秘密、出卖企业技术诀窍),或严重缺乏职业道德、败坏企业声誉,或犯有其他严重过失,均应坚决予以辞退。对被辞退的财会人员、资料情报人员、科研人员等,因渎职给企业造成难以挽回损失的,应给予限定其数年内或终生不得重操旧业的严厉惩罚。

9. 建立和完善企业内部劳动力市场,发挥劳动力市场体系的作用

企业所有富余人员应首先进入内部劳动力市场,实行内部待业。企业应努力打通与社会劳动力市场的通道,充分发挥内部市场调节劳动力供需矛盾,当企业经营规模扩张时,应首先考虑内部待业职工的出路。注重待业职工向社会分流,或通过企业的政策扶持,妥善安排和引导富余职工的重新就业。同时,企业还应积极组织富余职工参加社会再就业工程。职工待业期间,应按照国家有关规定逐月发放失业救济金或保险金,但最长不宜超过一年。

10. 进入协作企业,作为分包工程的必要条件之一

国有企业是分流富余职工的主体。建筑业实行用工制度改革后,工种残缺不全、结构失调矛盾突出,绝大多数国有建筑业企业已无法独立完成全部工程建设任务,大量引进分包队伍进行协作施工已十分普遍。因此考虑在分包工程时,将一部分富余人员消化到分包队伍,将其纳入分包队伍管理和分配序列,是消化富余人员的一条有效途径。这里关键是作为长期享受国有职工待遇的富余人员,必须转变观念、正视现实、放下架子,投身到激烈竞争中,接受锻炼,经受考验。

11. 自由组合或成立股份合作制企业进行新的创业

富余职工可以自由组合,开创新的事业,实行自我拯救;也可以投资入股成立股份合作制企业或组织专业承包队,进行内部工程分包或承包租赁多元化经营企业和营业性铺面,通过灵活的经营策略和"新、奇、巧"经营方式,由小到大、由弱到强,小本经营滚动发展。市场经济对每一个创业者都会提供平等竞争的机遇,创业者只要经营方针正确、策略得当、措施切实可行且有效,就会取得成功。

12. 拍卖或出售一些小企业和经营性铺面

也可招聘能人承包和租赁经营,或者委托同行业的大企业经营管理,但应以提供一定数量的就业岗位、带走部分富余人员为条件。国有企业改制的意义在于推动产品结构、产业结构调整,促进资源有序流动和资产重组。应借此良机,将过去因重复建设、重复投资形成的分散的"短、平、飞、快"的小型企业和项目,有偿转让出去或进行灵活经营,通过生产要素的分解重组,实现资源利用效率的最大化。这种做法的好处在于,不增加增量投入,而是通过存量资源的重新配置和结构性调整,就能够达到扩大经营规模,提高就业率之目的。

13. 出让部分产权或划出一块存量资源与其他企业联营,带走一部分员工

走联合发展的道路,不仅有利于企业经营规模的扩大、增强和完善

企业经营功能，而且能够创造大量新的就业岗位，为富余人员的分流和重新就业提供机会。可以说，走联合发展道路是当今世界经济发展的大趋势。它有利于经济的持续增长，而且是提高产品品位、加速符合市场经济要求的买方市场形成的重要措施。同时，它对推动企业集团的形成、发挥其在国民经济发展中的主导地位和作用，也具有积极的意义。

14. 企业兼并

企业之间的相互兼并，不仅是实现资源优化配置、实施"以优扶弱、以优带弱"、拯救劣势企业的有效途径，也是改善企业资本结构，改进企业经营条件，扩大企业经营规模，创造新的就业岗位的重要措施。兼并主要有如下两种方式：一是吸收式兼并，即优势企业收购劣势企业股权，并达到控股地位，由其对劣势企业进行企业重组产权改造，使劣势企业焕发新的生机并重新回归市场、成为市场竞争主体；二是投入式兼并，即由优势企业向劣势企业投资入股并达到控股地位，而后对其进行资源重新配置。无论是吸收式兼并，还是投入式兼并，均能够达到扩大生产规模，创造新的就业机会之功效。

15. 劳务输出

积极组织向境内（尤其是境外输出劳务），是解决富余人员的重要途径之一。应充分利用我国劳动力价格较低、劳动力资源丰富的优势，通过转岗培训，使那些富余人员掌握必要的生产知识和操作技能，有计划、有步骤地逐步向国外劳务市场转移。这不仅有利于减轻国内承包市场压力、提高在职职工收入水平、改善其生活条件，而且有利于为国家创取外汇收入、增加国家财富积累。

16. 企业破产

对那些长期经营不善、亏损严重、扭亏无望的国有中小型企业，按照"扶优扶强、限劣限弱"的原则坚决破产一批，以推动整个行业资源的流动和重组。因企业破产而失业的职工可向社会领取失业救济金，并同时参加社会再就业工程。通过全社会的力量重新获得再就业机会。

这里我们必须强调的是：富余职工并非社会无用的多余之人。之所以会形成大量的企业冗员，这完全是在传统的计划经济体制下职业选择人的可悲结果。

企业富余职工的消化是一项"牵一发而动全身"的复杂而系统的工程，一定要坚持积极、稳妥和慎重的原则，而且在每一条分流途径中都必须辅以相关的政策措施，先疏后导，切忌鲁莽和轻率、切忌急功近利。只要我们真正地以满腔热忱、关心、爱护和坚持公正、公平和公开的原则，按照有关政策妥善处理每一位离岗职工的实际困难和问题，那么企业富余职工的分流与消化就一定会取得成功。

2.14 企业办社会

办社会问题是传统计划经济体制留给企业的沉重包袱,是迄今为止企业改革难以取得实质性突破的症结所在,也是企业进行制度创新过程中面临的重点、难点。企业办社会职能的分离较之企业历史负债的解除、各种潜亏损失的处理、冗员分流、科学规范治理结构的建立、企业组织结构和权益负债比率调整等问题的解决面临着更大的困难,因此必须下猛药方能根治。但是分流企业办社会职能需要在保证社会稳定和追求企业效益之间做出选择,而这种两难的选择决定我们只能采取力度适中、速度平稳的"软着陆"的方式。

1. 建筑业企业办社会成因及弊病

众所周知,建筑业企业的生产特点是产品固定、队伍流动。这种流动往往是远离城市,远离有效的、完整的社会服务系统的支撑,因而显现出建筑业企业生产和生活一体化的特征。大量为服务于生产需要的学校、医院、托儿所、自营职工住宅及其相配套的社会性服务设施和机构应运而生。当然,应当正视的是建筑业企业生产特点导致的企业办社会问题的形成只是表层现象。而企业办社会的深层原因是,在传统计划经济管理体制条件下,企业多重目标选择的结果。这种经营性和非经营性职能连锁存在给企业带来了沉重的负担。首先,严格地讲,企业办社会有违企业自身性质的规定性。企业应当是一个经济组织,以追求效益最大化为目标，在市场经济条件下有充分的经营自主权，它是根据市场的供求关系变化自主选择利大本小的市场目标。企业不应是一种行政组织。"办社会"是政府的选择目标，是政府的行为。即使企业办社会能在一定程度上缓解自身社会服务不足的问题，但大量的人、财、物的耗费也未必合算，其结果必定是失大于得。更为严重的是，企业办社会不可能从根本上解决社会问题。企业办社会导致了企业的低效率和社会经济生活的无序。

再者，企业办社会也有违资本内在要求，企业办社会将消耗大量的社会资金，而这种资金是企业一部分生产资金的转化或分解。它虽然是企业办社会必不可少的要素，但这种资金一旦进入办社会领域，就失去了资本的本质作用，在其使用过程中不仅不能形成资本增值，而且将不断被消耗。尽管企业为办社会投入了大量的物力和财力，而这些资产一旦形成非经营性固定资产和管理人员的收入，这运动就只是一般的商品运动（并且是一种非常有限的商品运动），而非资本的价值运动。企业办社会这种商品运动不可能增加整个社会的财富，而只能是逐渐消耗其资本的价值。这就是为什么企业办社会总感独木难支、总需不断新注入资金以维持一定规模和水平不致下降的重要原因。企业在一定时期内生产性资本增值是有限的，增加办社会服务设施投入，势必影响生产性资本需求，从而导致企业扩大再生产的投入不足。这种以维持企业办社会而被迫削减和加速企业生产资本转化或分解的结果，无疑加速了企业生产的萎缩。

另外，随着企业办社会规模的不断扩大，同时带来了企业内部就业容量的扩大。"内部招工"使大量的不适应建筑业繁重体力劳动的职工家属、子女在企业办社会的单位和机构就业，年复一年，在企业内部形成了"近亲繁殖""血缘关系"等复杂的人际关系，给企业管理带来了难度。因此，从某种角度上讲，在市场经济条件下，企业办社会是有害的，必须在企业改制过程中逐步解除，最终使企业轻装前进、健康发展。

2. 建筑业企业办社会职能分离的思路和对策

企业办社会主要包括自办中小学校、卫生机构等公益性社会职能。企业负责职工住房职能的管理机构，自办的食堂、浴室、托儿所、招待所等福利性社会职能，以及企业富余人员安排。因此，企业办社会职能的分离是一个复杂的社会问题，涉及成千上万职工的切身利益，在探索其分离途径过程中，应坚持如下原则：一是有利于政府转变职能，强化政府管理社会公益事业的职责；二是有利于明确企业存量资产权属关系，确保国有资产及其权益不受侵害；三是企业应视自身实际情况，自主选择分离的步骤和方式；四是有利于维护职工正当权益，调动广大职工的积极性。

建筑业企业办社会是制约经济效益提高和妨碍制度创新的严重障碍。这已为广大企业所认识，但采用什么样的分离途径和方法。尤其是在目前社会环境和经济条件尚不成熟的情况下，如何操作的确是一个值得认真思索的重要课题。从长远来看，企业将办社会的职责移交给地方政府或社区服务机构，是必然趋势，也是企业进行体制转轨和机制转换的内在要求。但是企业办社会的分离是长期过程，需与建立整个社会保障制度同步。

从目前改革进程考察，企业办社会分流可供选择的思路有如下四个。

一是"移交"。具备条件的企业可一步到位，通过改革将自办的中小学、医院和后勤服务单位分离出来，交由地方政府承办。涉及资产移交的可按国资局颁发的《关于国有资产办理无偿划转手续的通知》（国资工字〔1990〕第17号）办理。

二是"托管"。企业将所办学校、医院、托儿所、影院、职工活动中心、招待所、职工住房等公益性社会服务职能从原企业中分离出来,交由地方政府或社区服务机构,而政府一时没有财力支持或没有相应管理能力接收的,可以委托企业进行管理。这种企业托管方式的意义在于办社会职责的主体发生了位移。从表面上看,企业虽然仍管理这些办社会的机构和人员,仍继续支付其有关补贴或弥补其超支费用,但由于办社会责任主体是政府而非企业,所以这类费用应从企业上缴政府的有关税费中做相应扣除,或是免除企业有关税费而转用于办社会支出。

三是"联办"。企业也可以与地方政府或社区服务机构联合,共同承担企业办社会的职能,其费用可以由双方共同承担,具体的管理方式、费用补贴及财产分割办法可以由双方协商确定,但应有一个逐步移交的时间进度表,应当承认上述两种办法均是权宜之计。最终企业办社会职能应与企业实现彻底分离,由政府和社区综合服务机构承办。

四是暂留于企业,待条件成熟后,再进行分离。

目前,就多数建筑业企业而言,在改制过程中主要是靠以企业解决为主的办法,逐步实现办社会职能的分离,其主要思路是实行"剥而不离、双轨并行、定额补贴、平稳过渡"。"剥而不离"是指企业在清产核资时,将非经营性资产从原存量资产中分离出来,实行独立运作。这种分离只是形式上的分开,并没有脱离原母体。这有利于精干主体,使经营性资产还原本来面目、保证经营性资产在运营中增值,也有利于非经营性资产的管理和监督、防止国有资产流失。对于企业办社会职能的分离,应根据其不同性质和功能区别对待。学校的剥离主要包括小学、中学、高中、高等义务和普及性教育。而企业为提高职工操作技能、技术和管理人员的知识更新等而举办的职业高中、中专技校、职业大学等则应继续留在企业。这部分资产不仅是属于经营性质,而且是推动企业劳

2.14 企业办社会

动者素质提高、促进生产力水平不断增长的重要因素。显然企业职业教育不仅不应分离，还应进一步加强，以便更好地为企业生产经营服务。

再如医院，随着医疗保险制度的改革，企业自办医院的模式将发生深刻变化。这种分离的方式根据《医疗机构管理条例》和企业的实际情况有多种选择。第一种选择是企业自办医院分离出来后，仍可以作为企业的一个经营实体，同时面向职工和社会提供有偿服务。第二种选择是从原企业中分离出来，成为独立的法人单位，待条件成熟后交由政府医疗部门管理，独立地向社会提供医疗服务。第三种选择是企业和政府联办。当然，上述任何一种选择都有可能行得通，但考虑到有利于提高医疗社会化水平和企业市场目标的选择，增强企业生机和活力，最好还是在可能的条件下将企业所办医院从企业中彻底分离出来，移交地方政府和社区服务机构承办。"双轨并行"是指经营性资产、设施、人员分离后，形成相对独立的系统，并与经营性系统同在原企业母体内运行。非经营性系统的独立运行不仅有利于精干主体、突出主业，而且由于非经营性系统在管理方式、考核内容、分配办法和绩效评价等方面均有别于经营性单位。这有利于经营性国有资产的不断增值，成为经济新的增长点，从整体上发展和壮大国有经济，为解决历史遗留问题、创造宽松的经济环境。

职工住房商品化、实行社会化管理是一种必然趋势，但在很长一段时间内只能由企业物业管理部门代管，因为目前职工住房大多已分配给职工居住，或者一部分以特别价格将部分产权卖给职工。这种情况表明，住房商品化进程会很艰难，在一个较长时间内试图将职工住房全部卖给职工。工薪阶层的职工是难以承受的。我们认为，"双轨并行"期间，在保证职工实际货币收入水平不下降的前提下，可以适当提高房租，使房租收入能够基本维持住房维修水平，在此基础上提高住房基金在工资中的比重，从总体上进一步提高职工收入水平、增强其购买力。在这种条件下，住房商品化可以实行出租方式或将住房全部产权卖给职工。推进住房商品化，最关键的是房屋的卖价和租价。按理说，房屋作为一种商品，在交易过程中应随行就市，但考虑到历史原因，则应当从房屋的总价中按照职工工龄和工作期间的平均工资收入的累计总额扣除职工曾为社会住房基金做出的贡献。这或许能够缩短住房商品化时间，而较快地回笼住房基金加快住房改革进程。"定额补贴"，实行双轨并行的实质是经营性与非经营性系统同在一母体内实行"一企两制"，这种并行不悖的意义在于力图创造对外部环境改变能够很快与社会平滑对接的内部条件。

为了增强职工心理承受能力和实现渐进式改革目标，应当明确两点基本要求：一是对非经营性单位和人员的补贴是有时间限制的，如三年或五年；二是补贴数额应逐步减少，以逐步培育非经营性单位独立生存能力。企业不可能也不应当无休止地补贴下去，何况这种补贴也是一部分企业效益的转化。如果非经营性系统仍然躺在企业身上、不能够做到逐步"断奶"、最终走向社会，那么"双轨并行"也就失去了意义。为了使企业卸下负担、逐步与社会接轨，可以考虑从国家股权红利中做必要扣除，或从企业上缴国家财政收入中相抵减予以解决。在过渡时期，由企业和政府共同承担企业办社会，也是一种选择。"平稳过渡"，即企业办社会职能的分离既要积极创造条件，努力探索分离的途径、条件和方式，又要稳妥，要因地制宜、因企制宜，避免盲目地照抄、照搬他人经验，企业办社会不只是企业的事，它还与整个宏观经济体制改革密切相关，因此必须保持与社会保障制度改革同步推进，保证与其他配套改革相衔接，避免孤军深入、徒劳无功。

企业办社会职能的分离是一项"牵一发而动全身"的、艰巨而复杂的系统工程，对整个经济的发展、改革的深化和社会的稳定有重大影响，因此应坚持试点引路、点面结合、小步快走、速度适中、细密策划、精心组织、同步配套、稳步推进的原则，要一步一个脚印，以期取得综合经济效益和社会效益。

2.15 建筑业企业家的成长

本部分重点讨论建筑企业家素质、建筑企业家与市场环境、建筑企业家与两权分离的关系等三个问题。

1. 建筑业企业家的本身素质是其成长的根本条件

建筑业企业家是市场法人实体和竞争主体的运作者，因此对其素质条件要求是很高的。建筑业企业家应具备政治家的头脑、战略家的思维、经济学家的知识、演说家的口才、外交家的风度和本身所具有的丰富经验。具体地，建筑企业家至少应具有以下几个方面。

（1）建筑业企业家必须具备宏观的战略思想，洞察国内国际形势的风云变幻，分析和预测市场走势，国内国际固定资产投资规模、结构和地区布局，把握产业之间相互渗透融合趋势，运用科技进步和现代化管理方法及手段，分析现状及对未来经济增长影响，预测国际汇率、利率变动趋势等，谋划企业长远发展战略和总体发展规划，用宏观的战略思想来指导经营实践。

（2）建筑企业家应具备丰富的施工经验和广博的理论知识。建筑业企业家一般应具备基层施工的经验，熟悉建筑产品的生产、管理和经营过程，并且具备深厚的理论功底，能够对施工生产中存在的问题予以理性思考，从理论上指导实践不断深化。建筑业企业家必须具备复合型知识结构，能够集经营、管理与技术于一身。

（3）建筑业企业家应知人善用、任人唯贤。如果套用古人遗训，衰退的企业有三不幸："有人不知，不幸一；知人不用，不幸二；用人不任，不幸三"。人才是企业生存发展的根本，是事业兴旺的关键。挖掘和起用人才的重要性是建立一种人才脱颖而出的机制，制定一套考核、培训、启用、奖惩的客观标准，而绝非以个人好恶作为取舍标准。

（4）建筑业企业家应思维敏捷、头脑清醒、判断力强、善于决策、超前决策，有强烈的竞争意识和市场扩张欲望。市场信息瞬息万变，建筑业企业家要善于从浩繁的信息中捕捉企业带来发展机遇，并且能够根据市场供需变化趋势，预测和准确判断市场走向、超前决策，在不断巩固已有市场的同时创造新市场、扩大占有份额、提高市场竞争实力。

（5）建筑业企业家应开源节流、理财有方。建筑业企业家必须有强烈的责任感和事业心，注重企业长远发展，广开财源，紧缩开支，不断提高企业积累水平，壮大企业经济实力，增强企业发展后劲。建筑业企业家不仅要考察"蛋糕"如何分配，更重要的思考是如何做大"蛋糕"。

（6）建筑业企业家应具备良好的人际关系和社会公共关系。建筑业企业家应该具备良好的品质——虚怀若谷、从善如流、善纳谏言，具备良好的人品修养、心理素质和身体素质，善于交际，保持与各方的关系，有较强的语言表达能力，注重风度仪表和个人形象。建筑业企业家是企业物质文明建设和精神面貌的展示窗口。

（7）建筑业企业家应知法、懂法、守法和用法。市场经济是法制经济，市场经济活动必须以法律为准绳，一个法盲能够使企业在市场经济条件下生存和发展是难以想象的。因此建筑业企业家必须熟知相关法律、法规，并以此约束和规范自身的行为。建筑业企业家要树立强烈的法律意识，自觉和主动运用法律来维护企业和职工的合法权益。

（8）建筑业企业家必须具有危机感和忧患意识，居安思危、自觉加压、永不满足。市场经济的本质是竞争，任何一个企业面临挑战，都有被竞争对手打败的可能性，因此建筑企业家必须始终保持强烈的竞争意识和良好的竞技状态，改进管理方法，提高技术水平，降低成本，提高质量，使产品和技术推陈出新，不断巩固和发展自身优势，提高市场竞争力和综合经济实力。

培育和造就建筑业企业家队伍必须与建立一支宏大的职业化的项目经理队伍相联系。因为项目经理是建筑业企业家成长的"摇篮"，项目经理与建筑业企业家的成长虽然没有必然联系，却有天然的依存关系，项目经理为建筑业企业家的成长积累经验和增加管理技巧，是建筑企业家成长的主要道路，而绝大多数建筑业企业家的成长则必须经过项目经理过程的磨砺。从一定意义上讲，没有一支职业化、社会化和市场化的项目经理队伍，就没有建筑业企业家队伍的崛起和最终形成。

2. 建筑业企业家的成长有赖于规范运作的市场秩序的建立

在市场经济条件下，建筑业企业首先面临的抉择是：生产什么？企业生产什么取决于消费者的投资方向及投资所形成的产品价格。而价格水平的高低又受该产品的需求弹性等诸多因素影响（如产品所需人工、材料等生产要素投入量的大小以及产品本身质量、功能、安全性和适用性等），还受到资源供给状况的制约。这一切就决定了企业必须受市场信号的引导。企业家的任务是在市场信号导向下做出趋利避害的决策。因此，可以说，市场的有序和规范运作是企业家成长和作用充分发挥的必要条件，因为有序运转的市场是发挥市场引导作用的重要保证，也是检验企业家分析、判断能力和决策能力的重要标准，正确的市场信号会使企业家追逐利润、为企业创造财富，同时使企业家不断地得到磨砺并逐步走向成熟，而错误的、失真的信号则会对企业家产生误导，使企业家做出错误判断、决策失误，导致企业蒙受损失。当然，在国有经济一统天下的国有、国营的条件下，决策失误的责任者是不承担责任的。目前，我国经济体制正处于转轨时期，市场无序运作状态也难以从根本上改变，产品价格常常缺乏真实性和准确性，增加了建筑业企业家判断难度，也妨碍了建筑企业家的成长。

鉴于此，为了缩短体制转轨时间，抑制因市场无序竞争造成的资源浪费和损失，创造条件支持建筑业企业家发育成长，我以为，应侧重抓好如下几个方面的工作：一是改进建筑业企业资质管理办法，按照国际惯例，建立新的市场准入制度，强化行业管理，严格控制建筑队伍盲目扩张，以缓解建筑市场的过度竞争。二是建立和完善一套企业经营者选拔、考核、培训和奖惩制度，形成建筑企业家生长的使用机制，为建筑企业家聪明、才智的充分发挥提供可以纵横驰骋的广阔舞台。三是加大建筑业组织结构、经营结构调整力度，将行业劳动力等闲置资源转移出去，同时积极开拓国际建筑市场，实现行业发展战略的转变。四是加大建筑产品价格改革力度，按照"全面放开，分步到位"的思路，建立由市场形成建筑产品价格的机制，促进行业资源的流动和重新配置，加速建筑企业集团和微型化、小型化、企业两级法人化的行业结构调整，逐步建立适应国民经济发展和提高国际承包市场竞争力需要的二元经济模式。五是加快社会中介服务机构建设，形成市场预测、信息发布、价格变动分析等为企业提供全方位服务的中介服务体系。

3. 建筑业企业家作用充分发挥的关键是所有权与经营权的彻底分离

企业家是市场经济条件下运作企业的专家（即运作企业的是经营者而非所有者）。企业改制首先是进行产权界定，明确所有权归属，确定企业的出资主体。国有企业改制，主要投资人或占控股地位的大多是国家

> 国有建筑业企业改革

或其授权的有关机构,在目前社会尚无巨大资产置换国有资产,而且理论和操作思路上也未最后明确国有资产应当退出领域的情况下,就绝大多数建筑业企业而言,股权结构设计中国有股权占绝对控股地位。而投资者的投资目的是试图控制所投资的企业或试图获得高回报率。在投资者占控股地位的情况下,这无疑会强化控制企业的倾向。这就难免出现投资者直接或变相直接干预企业生产经营活动的现象。因为在股份制企业中,股东权利是依其持股来决定的,至少在无法避免听命于控股方一家之言的情况下,企业高级管理人员(尤其是企业经营者)的作用难以充分发挥。我曾在企业改制系列谈论中提出过企业改制应坚持股东所有权淡化的原则,其意义就在于:要通过股权的多元化和股份的分散化来稀释国有股权、降低国有股权比例,使其投资目的由控制企业转向仅追求回报率,以改变国有股东直接干预企业局面,避免重蹈覆辙。淡化出资者所有权并不是可以随意损害股东权利,而是要改变所有权的行使方式。股东权是且只能是对企业重大决策(如分公司减资或扩资、分立、合并解散、清算和章程修改等重大事项进行决议),并通过董事会执行。应该说,出资者进行决策,出资者代表参与直接经营和管理,但这种管理是更高层次的战略目标和资产营运的管理,而一般生产经营管理的职能是通过高级管理人员(也包括经营者)履行的,只有运作企业的专家才清楚:生产什么才能赚钱,采用什么样的技术、管理手段才能把产品成本降到最低点,通过何种销售渠道和市场营销策略,使消费者接受和认可产品及其价格。显然,所有权与经营权分离得越彻底,经营者作用的发挥就越充分,也越有利于企业家的成长。反之,经营者缺乏在运作企业方面的锻炼和直接面对市场检验的能力,也难以迅速成长和成熟。在计划经济体制下,我们没有严格意义上的企业家,但要建立社会主义市场经济,没有一支专业的企业家队伍,企业也难以高效运行。因此,推进企业改制应切实解决企业股权多元化和股份分散化问题。否则,企业改制可能仅仅是换了一个美丽的包装,而不是为企业注入生机和活力,也不是为企业寻找新的经济增长点,为适应公平、开放的市场竞争提供制度上的可靠保证。

2.16
企业改制深化发展

透析改制的困难和矛盾,有助于增强改制的紧迫感和危机感,更有助于提出可操作性的对策,以推动企业改制逐步向纵深发展。

1. 理顺产权关系,确立国有资产投资主体

国有建筑业企业首先要认真搞好清产核资工作,摸清家底,核实企业财产占用量,在清产核资中要注重处理好"资产六分离"工作(即有效与无效资产、有形与无形资产、主业与多元化经营资产、经营性与非经营性资产、债权与债务、国有资产与对企业职工负债)。

(1)确立投资主体。目前,国有建筑业企业投资主体的形成途径主要有以下几个:中央部属行业性总公司和省级建工局组建成集团公司,取得授权成为国有资产投资机构,充任国有资产的投资主体。作为国有资产股东,这些机构向企业委派股东代表,按照持股比例依法享有股东权利,并以出资额为限承担有限责任,国有资产投资主体不直接参与企业经营活动,不直接支配企业法人财产。

(2)合理确定企业资本金规模。实践经验表明,企业资本金规模应与资本金利润率水平相适应。根据相关企业的反映,经过清产核资和资产评估,存量资产升值幅度较大,随着企业负债结构的调整,其资本金有可能随之提高,在实际利润较低的情况下,这势必影响资产回报率;因此,应对计入企业资本金中的无效资产部分予以及时清理和消化,保

2.16 企业改制深化发展

证必要的资产回报率。

（3）合理调整企业负债结构，通过多种渠道建立企业流动资金补充机制，逐步将企业过高的负债率降下来。可以分两步走：一是近期将资产负债率调整到70%左右，二是逐步达到50%。在实践中应鼓励企业积极探索，创造条件，努力实现这个目标。

（4）合理设计股权结构，通过国有资产转让，社会和职工个人入股、外资参股等多种方式，逐步实现股权多元化和股份分散化，有步骤地改变国有股权比例过大的状况。

2. 积极稳妥地逐步分离企业办社会职能并实现冗员分流

根据建筑业企业的实践，企业应创造条件，坚持"剥而不离，双轨运行，定额补贴，平稳过渡"的思路。在具体实施上，可以先由企业托管，待条件成熟后，企业办社会职能所占用的全部资产和人员原则上应一次性划拨给当地政府和社区服务机构运作。企业应积极参加住房制度改革和社会的养老、医疗、失业保险。对保险费用不足的部分及各种补贴和拨付，可在产权界定时，从国有资产存量中划出一部分股权，交由企业托管机构或社会统筹管理机构持有，或用股权红利予以补足。超支严重的企业，可用部分工资含量节余或国有股红利在一期限年内部分或全部不上交，用于弥补超支。对于冗员分流问题的操作，如下所述。

（1）放宽退职条件，实行内退，所裁人员享受失业保险并参与"社会再就业工程"。

（2）有条件的企业可以通过转让部分国有股股权、土地使用权或进行房地产开发的收入进行冗员安置。

（3）划出部分国有资产存量（包括土地），进行招商引资，联合兴办工业和第三产业，对富余人员进行安置。

（4）2000年以前，每年减交或返还企业的营业税，定向用于安置企业富余人员。

（5）有条件的企业，可向职工以补贴价或成本价出售所属小型企业，或先由企业兴办小型工业和三产企业，待其具备生存和发展能力后，再向企业职工出售。企业出售后，企业性质发生根本变化，与原企业无行政和资产联系，以达到最终分流的目的。

3. 工资含量节余转化为投资的途径及运作

工资含量节余部分是职工应付未付工资的一部分，工资含量节余部分的所有权应归职工所有。由于建筑业企业生产经营波动较大，市场竞争激烈，为兼顾企业职工利益，对含量节余不宜一次性支付，其主要部分应作为职工对企业投资转为企业资本金。其具体操作为：一是在职工出资认股时作为配股，量化给职工，按实配股，虚股分红；二是由企业有关机构（如持股会）持有，购买公司股权，其红利弥补养老、医疗、保险等费用的不足，或用于安置冗员，其最终的所有权为企业全体职工共有。当职工退休时，企业只退其实际出资额，含量配股部分可进入企业公益金，另一部分继续作为企业对职工的负债，用于以丰补歉或转为公益金，各部分比例可以由企业根据自身实际来确定。工资含量节余转为投资，不能给职工个人，可以作为职工集体财产。实行共同共有，配股的同时应以吸收职工投资为条件，目前可以由职工持股会具体运作，实现由国家股和职工股形成的两元投资结构。持股会的运作与规范发展，有待于实践的深入而不断总结和完善，现阶段应鼓励积极探索。

4. 切实解决资金困难，对企业改制成本进行必要补偿

我们对建立企业流动资金补偿机制进行了深入研讨，提出企业流动

资金应逐步达到企业年营业额的25%左右。其基本思路如下所述。

一是对建设银行原以财政职能核贷给试点企业的定额流动资金贷款，全额转增企业的国有资本金，从1987年后逐年从企业留利中划出的10%增补流动资金，还原为国有流动资金；从国有公积金中逐年提取一定额度转增企业流动资金；给予试点企业无息、低息或3年贴息流动资金贷款。

二是建议把建筑业所得税的税率调整到18%以下，或按统一税率上缴后返还15%企业所得税；试点企业营业税按2%缴纳，或返还营业税1%，也可在3年内以企业近5年的平均值为基数按3%税率缴纳营业税；对建筑业企业免征增值税。

三是尽快解决企业被拖欠的工程款。属于政府全额投资建设的项目而确又无力偿还的，分别冲减企业应缴或欠缴的中央税、地方税、共享税和"两金"，或冲减与拖欠项目相关的政府专项基金，也可以由政府划拨项目产权或拨让土地开发使用权抵补；属于同业相互拖欠的，经协商或经有关方面仲裁，可以将债权转为股权，也可以将债权转为产权，或以资产作抵押，或实行兼并。

四是建筑产品价格形成机制的改革。目前，应按照价值规律尽快解决建筑产品价格扭曲问题，使建筑产品造价中的人工费、材料费、管理费等生产要素预算价格能与市场价趋于一致，以适应投资主体多元化趋势发展。采取措施，保证建筑业企业合法利润率起码达到社会平均利润率水平。

五是加大力度贯彻落实中央关于发展支柱产业的重大政策，尽快出台建立市场秩序、规范市场主体行为、完善要素市场体系和各项配套法规，为建筑业企业创造平等的竞争环境。

5. 建立科学规范的公司法人治理结构

企业必须按照《公司法》的要求，根据权力机构、经营机构、监督机构相互分离、相互制衡和精干效能的原则以及企业改制规范程序，形成股东会、董事会、监事会和经理层为基本特征的法人治理结构，各层结构分别行使决策、监督、执行权能，企业经理由董事会聘任，企业的党组织、工会可以选派代表通过法定程序进入董事会、监事会，发挥党组织监督保证作用和职工民主监督作用。企业内部必须建立有效的劳动、人事、分配和财务管理制度。试点企业应逐步取消行政级别，派往公司的国有资产代表（董事）要离开政府官员序列，企业经理可以逐步进行社会招聘，并且注意培养、造就一批宏大的企业家队伍。

已经完成改制工作的企业，应按照《公司法》进行规范，进一步转换经营机制，适应市场竞争需要。

6. 转变观念

我们应提高认识，增强企业改制的紧迫性和自觉性。解决深层次矛盾，进行制度创新，要求企业在改革思路、方法上进行质的转换和突破，要深刻认识和全面理解现代企业制度内涵，克服观望和"等、靠、要"的思想，积极创造条件，积累经验，打好基础。提高企业改制的自觉性，同时必须认清国有建筑业企业面临的严峻形势：基建投资不断调整压缩，乡镇、集体建筑队伍异军突起，随着国际市场与国内市场加快融合和投资体制改革，国外承包商已经渗透到国内建筑市场，国内市场逐渐演变成国境内的国际市场。在激烈的市场竞争中，许多国有建筑业企业体制僵化、机制不活、职工总体素质不高。对此，必须要有清醒的认识，增强紧迫感和忧患意识。形势迫使我们必须进一步解决深层次的企业制度问题，解放和发展生产力，在国内外两个市场竞争中，巩固国有建筑业企业的主导地位，优化国有资产结构，实现国有资产战略转移。

2.17

项目法施工与现代企业制度

建立现代企业制度是社会化大生产和市场经济的必然要求，是我国国有企业改革的方向，是使企业真正成为面向国际、国内市场的法人实体和市场竞争主体的企业体制。建立现代企业制度是十几年来企业改革的继承、发展、深化与提高，它既不是照抄照搬国外现行的体制模式，更不是要否定过去的企业改革，不是标新立异、不是另起炉灶，而是从中国国情出发，在全面、系统总结我国企业改革已经取得成功经验的基础上，积极吸收、借鉴发达国家企业制度的科学成分，形成具有中国特色的现代企业制度。

在讨论之前，我想特别强调的是：项目法施工不等同于项目管理。项目管理是以某一单项工程为对象而展开的系统管理。项目法施工不仅涵盖了项目管理，而且包含了以企业管理体制和经营机制转换系列改革为目标取向的，通过启动项目法施工，促进企业体制改革，形成综合改革、配套联动的改革态势。它本身是一个复杂系统工程，涉及企业的方方面面，这与不要求企业内部体制变革的项目管理是不同的。从时空上看，只要有建设任务，就有项目管理存在的必要，而项目法施工是一个历史的过程，一旦企业管理体制调整好，经营机制能够适应市场经济要求，建立起了现代企业制度，其使命也就完成了。只有明确上述的基本关系，才有可能进一步展开阐述。

>> 国有建筑业企业改革

1. 现代企业制度是项目法施工的发展与深化

15年来，我国经济体制改革始终坚持以企业改革为中心环节。作为国民经济各行业改革试点的建筑业，率先进行了以企业改革为重点的系列改革实践，既有阶段性、又有连续性。建筑业改革经历了招标承包制、放权让利、第二步利改税、承包经营责任制、项目法施工和转换经营机制等不同阶段，每一步改革都为下一步改革积累了经验，打下了坚实基础。因此，现代企业制度也是项目法施工的继续、发展与深化。

一是企业改革目标的深化与发展。项目法施工在本质上要求建筑企业以工程建设项目为基点，在实现两层分离的前提下，对生产要素实行优化配置和动态管理，促进企业整个管理体制的综合配套改革，进而带动企业经营机制的转换，使企业真正成为独立的经济实体，使企业真正成为自主经营、自负盈亏的社会主义生产者和商品者，具有自我改造和自我发展能力，成为具有一定权利和义务的法人。这个以企业改革为中心环节的经济体制改革，通过《中华人民共和国企业法》等，企业改革目标进一步明确为"使企业成为自主经营、自负盈亏、自我发展、自我约束的商品生产者和经营者，成为依法享有民事权利和承担民事义务的企业法人"。这种以企业转轨为基本取向的改革正是建立现代企业制度的核心内容，现代企业的本质特征是用法律来界定出资者和企业之间的产权关系。按照国家规定，对企业的资产、债权债务进行界定评估，核实企业财产占有量，进行国有产权登记，明确国家财产终极所有权和企业法人财产所有权，以确定各自的权利、责任和义务，从而构造适应市场经济的企业微观经济体制。

二是企业行为方式市场取向的发展与深化。项目法施工要求建筑企业必须改变由单纯对行政上级负责，附属于政府部门的行为方式，转向

2.17 项目法施工与现代企业制度

既对上级负责，更注重市场需要和用户评价，转换机制面向市场，积极参与市场竞争求生存、求发展。这种行为方式正是现代企业制度适应市场经济的一种企业制度。现代企业制度的建立，标志着企业经营机制更加灵活，企业完全面向市场，并按照国内和国际统一市场的需求组织生产和从事经营，各类企业在市场中平等竞争、优胜劣汰，而竞争性企业以经济效益最大化为主要目的。垄断性企业和社会公益性企业，应遵从价值规律，在国家宏观调控下，既不牟取暴利，又要保证生产经营活动实现良性循环。

三是政企分开原则的发展与深化。项目法施工是企业经营机制转换的有效途径。这是由建筑企业管理体制与经营机制的相互关系所决定的。企业作为一个有机体，企业经营机制是与生俱来的，只是过去适应的是高度集中的计划经济体制。我国经济体制改革的目标是建立社会主义市场经济，企业转轨是为了适应这种新的体制要求。从这个意义上讲，体制是机制的决定因素，并且影响机制转换进程。正是政府职能转换滞后，从而制约了企业机制转换步伐。这种强调"双机并转、整体联动"的政企职责分开的探索。政企职责分开是现代企业制度的重要内容，一要把政府社会经济管理职能同国有资产管理职能分开，确立国有资产产权主体，积极探索国有资产管理和经营的形式和途径，形成国有资产产权主体和企业产权的产权关系；二是把政府行政管理职能和企业经营管理职能分开，政府通过政策法规和经济手段等宏观措施调控市场引导企业经营活动，并且逐步将企业承担的社会职能转移政府和社会组织身上，建立政府与企业之间的社会管理者与被管理者的关系。

四是企业内部治理结构改革的发展与深化。项目法施工所坚持的两层分离的原则，有利于推动建筑行业组织结构的调整，形成一批行业中坚骨干力量（即工程总承包龙头企业），并以此为核心企业逐步向建筑企业集团演变。企业集团的发展必须以股份制为理想的产权组织形式，必须以资产为连结纽带，才有可能建立起联系紧密、有机协调的股权式企业集团。项目法施工强调建立以项目承包为基础的企业承包体系，许多企业创造性地推行项目金额风险抵押承包，这为股份制改造创造了良好的条件，如果实行"先包后股"的形式，就比较容易实现承包制与股份制的平稳过渡。项目法施工始终突出了项目是成本中心的思想，通过多年的探索和实践，初步形成了项目成本核算体系，这有利于企业在新的会计制度条件下，形成与国际惯例接轨的会计财务制度。项目法施工的推行还有力地促进了三项制度改革和以项目为基础的、系统综合管理制度的建设。这些都为现代企业制度的建设创造了条件，奠定了很好的基础。现代企业制度要求如下所述。

（1）建立科学的组织管理机构，使企业权力机构、经营机构和监督机构权责分明、各司其职，形成一种相互制衡的机制。

（2）建立科学的内部管理体制，包括形成合理的领导体制、科学民主的决策体制、职工参与民主管理和监督的制度、严格的内部经济核算体系、体现效率和竞争的内部劳动人事分配制度等管理制度。

（3）建立企业规章，使运行机制规范化，形成激励和约束相结合的企业经营机制。协调出资者、管理者和职工之间的关系，提高企业对市场的适应能力，提高企业营运效率和经济效益。

2. 继续深化项目法施工，为现代企业制度建设积累经验

以项目法施工为基本内容的建筑企业改革，在推动经营机制转换过程中遇到的突出障碍是政府职能转换滞后。因此，一些企业根据企业经营机制转换有内部和外部两个方面的制约条件，在当前外部条件和内部条件尚不成熟的条件下，企业与社会难于直接进行物质能量交换，而设

2.17 项目法施工与现代企业制度

计了"三环转换理论"。这种理论是渐近式的过渡办法。即小环—工程项目、中环—企业、大环—社会,先通过中小环循环,创造经营机制转换的内部条件,待环境改善、时机成熟,再过渡到大中环的循环,最终实现经营机制转换目标。一年多的实践证明,单纯地依靠企业内部体制改革的循环难以实现企业与社会的对接,而且项目法施工更多的是从生产力的角度考虑去促进企业体制改革和机制转换,其效果不尽如人意。而现代企业制度是包括了企业外部环境和内部机制各个方面的一种制度体系,是一种企业体制模式,属于生产关系范畴。那么,是否可以这样认识:现代企业制度主要内容强调更多的是企业外部环境的改善,即政府职能转换。如构成现代企业制度核心内容的产权制度改革、政企职责分开、国有资产产权主体与经营单位的权责划分等。当然,现代企业制度也包括了部分企业内部机制改革的内容,只不过在建立现代企业制度中,政府将处于主导地位,而企业所占分量和地位相对轻一些。但是这并不意味着企业无所作为,建筑企业完全可以通过项目法施工的继续深化发展和提高,先从企业内部培育企业转换机制的必要条件。基于这种认识,我以为,项目法施工的发展方向是正确的,取得的成绩是肯定的,下一步工作可以如下几个方面展开。

一是加速建筑行业组织结构调整。进一步加大两层分离力度,逐步形成建筑企业集团、工程建设总承包企业、专业承包和劳务分包四个企业层次。前两类企业将成为建筑业的中坚力量,要逐步将劳务队伍分离出去,形成智力密集度高、专业技术力量强,具有经营国际化、管理集约化、产业多元化、组织集团化功能和实力,成为拓展国际国内建筑承包市场的主导力量。当前,尤其要注重建筑企业集团的发育和形成,赋予其国有资产经营授权、对外承包权、进出口经营权,并通过组建财务公司,增强投融资功能,形成投资中心,建筑企业集团的形成与运作将

> 国有建筑业企业改革

对行业总体水平的提高产生积极影响,为建筑业支柱产业地位的形成奠定坚实基础,在行业组织结构调整过程中,政府主管部门应加强宏观调控,采取必要的调控手段和措施,保持行业组织结构的合理性。

二是积极发展多元化经营。搞好企业后方大本营建设,保证精兵强将上一线,逐步形成前方项目与后方基地有序运行机制,为后方基地逐步从企业分离出去、转交政府和社会组织承办创造条件。为减轻社会压力,企业应积极创办多元化经营企业和项目,保证为部分富余职工转产提供就业机会,其要点如下所述。

(1) 坚持从企业经营战略调整高度出发,认真规划多元化经营发展战略。

(2) 坚持以一级法人单位为投资主体,避免造成重复建设、重复劳动、浪费资源和效率低下的"层次负效应"。

(3) 从行业角度来讲,多元化经营发展应以不破坏基建任务与基建力量的相对适应性为前提,以防止行业资源的过度转移,从而损害行业自身发展。

(4) 多元化经营发展应从行业相关产业起步,以便充分利用企业人才、技术和管理优势,发展到一定程度后,应逐步向非相关产业转移,逐步形成规模经营,以增强抗风险能力。

三是建立健全以项目为基础的综合配套管理制度。对企业在计划经济体制形成的按固定行政建制管理的制度进行清理,建立起适应项目管理的新的制度体系。主要有:以项目为中心的成本核算制度和符合"两则"规定要求的企业财会制度,进一步完善企业财务管理,以项目经理为中心的项目经理责任制度,用经济契约关系明确项目经理与企业法人代表的权利、责任与义务;建立企业劳动力、资金、物资、技术和项目质量、安全、文明施工等管理制度,有效控制资源投入和保持合理有序

2.17 项目法施工与现代企业制度

流动，项目资源实行优化组合和动态管理，提高资源使用效率，建立项目自我约束和企业对项目的监督考核制度，保持企业调控的有效性和项目行为合规、合法，建立项目思想政治工作责任制度和坚持民主管理和监督制度等，逐步形成适应新形势的企业管理制度体系。

四是加大分配、人事和用工三项制度改革力度。在分配上，应坚持按劳分配、效率优先、兼顾公平的分配原则；在项目上，形成分配"小特区"，凡进入项目承包的职工，在不违反国家有关规定的前提下，收入水平可以高出其他职工数倍。总的思路是：坚持效率优先原则，进一步拉大收入差距，保证报酬与贡献的相对适应性。人事制度要彻底打破企业管理人员与工人界限，推行全员劳动合同制，所有员工一律实行竞争上岗、按岗取酬。用工上建立弹性用工制度，除小部分职工长期为企业服务外，主要指管理技术骨干、高级技工转化的管理工和特殊工种人员，一般劳务均推向社会，由市场机制进行配置。要逐步建立起以劳动人事分配为主体的企业内部经营管理制度，这样就为企业转换经营机制创造了良好条件。

五是进一步深化和发展项目承包。建筑业属于竞争性行业，以经济效益最大化为目的，因此必须坚持"企业是利润中心，项目是成本中心"的原则，合理划分企业与项目的职责权限与利益。项目承包应以降低成本、降低消耗、确保工期、质量与安全为主要指标，而不宜设置利润指标，项目全部利润应该统一上缴企业，如果项目创造了良好效益，可以由企业返还项目，由项目进行二次分配。这样可以避免项目与企业争利，形成以项目为投资主体，造成生产要素的固化，从而破坏企业整体优势发挥和经济实力肢解。项目承包时可以与金额风险抵押承包相结合，这样可以从企业内部培育股份经济成分，为向股份制改造积累经验、准备条件，为最终实现转机创制奠定基础。

第三章 企业集团

3.1 发展的难点

企业集团具有四个显著特征。

(1) 必须有一个实力强大、具有投资功能的集团核心。这个核心可以是一个大型生产、流通企业,也可以是一个资本雄厚的控股公司。

(2) 必须有多层次的组织结构。除核心企业外,必须有一定数量的紧密层企业;最好还有半紧密层和松散层企业。

(3) 企业集团的核心企业与其他成员企业之间,要通过资产和生产经营的纽带组成一个有机的整体。核心企业与紧密层企业之间应建立资产控股关系。核心企业、紧密层企业与半紧密层企业之间,要逐步发展资产的联结纽带。

(4) 企业集团的核心企业和其他成员企业,各自都具有法人资格。其主要功能是集团发展战略规划、投融资、科研开发、国际建筑市场拓展、工程总承包、房地产为主导的多元化开拓、优秀人才储备库。

目前,我国建筑业企业集团的发展方兴未艾,尽管不乏一些颇具规模、实力较强、功能比较完备的大型企业集团,但与国际上知名的大承包商相比,还有相当大的差距,难以在竞争激烈的国际市场上与之相抗衡。当前,建筑业企业集团发展所面临的难点集中地反映在以下三个方面。

1. 集团的经济实力不强

不少集团的经济规模偏小,核心企业的实力不强,主要表现在:年产值(营业额)偏低、经营结构畸形、经营布局空间狭小;产业、产品结构单一;企业总资产规模偏小、资产短缺、资产负债率过高,不具备投资、融资的功能;人才匮乏,尤其是商贸外语,熟悉国际工程承包和运作大公司、大集团的人才奇缺。许多集团的核心企业在组建时是以建工局、建筑总公司为基础发展起来的,自身经济实力偏弱,缺乏管理、运作集团的能力,因而发展得不快。建筑业企业集团的发展必须要有一个实力强大的核心企业作为整个集团的支柱企业,所以,迅速壮大集团核心企业的经济实力,带动和发展一批专业化分工协作的成员企业,发挥集团的优势和实力,形成集团的规模经营,提高总体实力,是当前建筑业企业集团发展的关键问题。

2. 集团的综合发展尚待规范

由于现有的建筑业企业集团在经济规模上尚未达到一定的水平,难以取得比较优势,因而其在功能的健全完善及综合发展方面尚待规范,主要表现在:目前,多数集团尚未建立起清晰的资产联系纽带,缺乏能够有效调动各成员积极性的利益机制和有机联系,主要靠过去的行政隶属关系和松散的专业协作关系来维系;集团成员之间的自愿重新配置、产权重组方面的作用无法发挥;内部管理体制不规范,集权与分权的关系还存在着许多矛盾,有的核心企业对成员单位的行政干预过多,侵犯了成员企业的经营自主权,有的成员在实力较差时挂靠集团,等到境遇好转便自立门户,母子公司体制的运作难进行;在组织结构上大而全、小而全的封闭企业体制,导致子公司之间互补性不强,极大地制约了集团的发展。

3. 集团发育的外部环境亟待改善

当前,建筑业企业集团发展的外部环境十分严峻,建筑市场治乱尚待深入,市场规则不健全、市场主体的行为不规范的问题依然突出,使集团现已得到的权力也难落实。例如,工程总承包权由于受传统投资体制的制约和现有工程承包方式的障碍而难以实现权力与能力的统一。再如,房地产开发权由于土地使用权的取得及资金紧缺和市场变化等方面的各种困难,同样无法取得预期效果。另外,由于综合配套改革滞后,建筑业企业集团发展的诸多制约因素得不到解决,政府对建筑业企业集团的发展缺乏统筹规划,有关的政策、措施和法规建设不完善,目标不够明确,尤其对于集团如何结合行业特点进行拓展,缺乏及时、有效的指导和规范。改善建筑业企业集团发展的外部环境,固然需要集团自身的不懈努力,但当前的主要难点是各级政府主管部门要积极地为发展建筑业企业集团创造良好的政策环境。

3.2 功能建设

建筑业企业集团是行业中的支柱企业,代表着建筑业的发展方向和生产力水平。建筑业企业集团的规范和健康发展也标志着企业组织结构调整和优化的水平。建筑业企业集团的发展目标是实现经营国际化、产业多元化、管理集约化和组织集团化,以充分发挥集团在技术互补上的组合效应、专业分工上的规模效应和资金运用上的放大效应与整体效应。

1. 创造良好的外部环境,规范建筑业企业集团发展战略

政府主管部门要紧密结合当前建筑业改革与发展的阶段特点及行业特征,选择部分发展势头较好、运作比较规范的建筑业企业集团进行试点,以国际上著名的大承包商为目标,坚持高起点、高标准、高质量、高水平,培育和发展一批能够跻身于国际市场竞争的建筑业支柱企业集团,以带动一大批建筑业的中小型企业,提高专业化分工协作水平,增强技术互补和资金运用方面的优势。赋予那些具有条件的大型企业或特大型企业集团对外承包工程权、外事审批权、外贸权、总承包权、房地产开发权等,使之功能不断得到健全和完善,步入健康规范发展的轨道。建筑业企业集团要用好、用活、用足现有政策,努力改善外部环境,加强与有关部门的政策协调和信息交流,并积极争取和促进有利于建筑业企业集团发展的政策、措施的出台。同时,对那些规模小、运行不规范、不符合企业集团基本要求的徒有虚名者,按照市场机制原则,通过公平竞争实现优胜劣汰。

2. 以国有资产经营授权为契机，强化资产连接纽带，增强集团的内在有机联系

有条件的集团母公司取得国有资产的经营授权后，应对集团内部资源重新配置和产权重组，加大企业结构调整力度。以强化资产纽带为主，结合建筑业的生产特点，建立总包、分包协作关系，增强集团内部的有机联系。集团成员企业应以资产经营责任制为载体，合理处理集团内部集权与分权的关系，在保证集团总体战略目标顺利实现的同时，保证成员企业法人财产权的充分行使，以提高建筑企业集团的凝聚力。在强化资产连接纽带的前提下，集团内部的管理主要应侧重于如下三个方面。

一是集团发展战略的目标管理。它与一般的生产经营管理完全不同，这种较高层次的目标管理是建筑业企业集团战略目标和发展方向的监控与实施。通过层层分解，形成决策、执行、监督、控制和反馈的闭合管理回路，及时把握方向，保证集团利益不受侵害。

二是集团资产经营管理，由过去偏重以考核产值指标为主要内容的生产经营承包向以考核资产运营效益的责任制度转变，集团成员主要承担投资回报责任。

三是集团市场开拓方针与策略管理，旨在增强对市场的研究力度，制定经营方略，为成员提供导向性意见，提高市场占有份额。

3. 壮大集团的经济实力，完善集团功能

首先要进一步发展壮大集团的核心企业。在现有条件下，可以采取必要步骤，采取联合、兼并、投资入股、收购和资产划转等多种方式增强核心企业的经济实力，集团公司要在充实力量、完善功能的基础上积

▶▶ **国有建筑业企业改革**

极争取国有资产的授权经营,并逐步向资产经营公司或控股公司发展,或采取资产经营与生产经营相结合、互有侧重的形式运营,使核心企业的作用得到充分发挥。针对现有的难点问题,把完善集团的功能重点放在如下几个方面。

(1) 制订和实施集团的长远发展战略,要瞄准高目标,坚持高标准,达到高水平,进军国际市场,参与国际竞争。

(2) 以产权为纽带,确立母子公司体制,其内部的运行机制通过产权管理来体现。

(3) 突出核心企业的主导和龙头作用。健全紧密层、半紧密层和松散层,优化组织结构,增进相互联系,强化其利益的一致性。

(4) 坚持"统一决策、分层管理、宏观管住、微观放开"的原则,实施大集团管理,处理好集权与分权的关系。

(5) 实施科技先导和名牌战略,增加技术进步的含量。

(6) 实施产业多元化发展战略,不断改善集团经营结构,增强集团抗风险能力,增加积累,完善集团功能。

3.3 重点任务

目前，国有建筑企业集团的组建与发展方兴未艾，其主导方向符合社会主义市场经济发展需要，也符合我国建筑事业振兴和腾飞的内在要求，尤其是从行业结构调整的角度考察，它是一个具有战略意义的重大举措。但是，在发展建筑企业集团过程中，受到内外诸多因素制约，在如下方面还存在问题：对企业集团模式的选择，核心企业的发展与壮大，多层次组织结构的调整、联结纽带和资产管理形式，集团内部机制构造及运行，股权和权力结构的设置和运作等。

1. 国有大型建筑企业应以组建和发展股份制企业集团为理想模式选择

企业集团模式按照不同的分类标准有多种，这里限定以资产联结纽带分类。我们采用股份制企业集团，原因在于股份制的特点、功能和运行机制从根本上符合企业集团组建和发展的要求。就内在要求而言，企业集团和股份制是具有明显的互补效应的两种组织形式；企业集团是使众多的法人单位以资金联合为主要联结纽带而形成的高级企业联合组织形式；而股份制是使企业集团的成员单位科学地处理好产权关系和责权利关系的企业财产组织形式；企业集团的组建和发展以股份制的推行为基础，而股份制的推行要以企业集团为载体，其作用的发挥则需要众多法人单位的资金联合为前提。这种相互依存、相互促进的内在关系表明，股份制是合理构造企业集团成员单位的产权关系和再造微观经济基础的重要手段,是真正的企业集团赖以建立发展和巩固的牢靠基石。

然而,实践中的企业集团大多依靠行政手段和契约方式组建,加之受到"二不变"原则制约,缺乏凝聚力和稳定性,而且在发展上步履维艰。其面临着"五难"困扰,即计划难平衡、投资难控制、经营难协调、出口难统一、配套难同步。一些行政性管理公司成了所谓的企业集团,或以非经济因素强行扭在一起的"拉郎配"式的企业集团更是一步步地陷入困境。我以为,无论是新组建或原企业集团进行改组均应按股份制的要求进行调整和改革,以资产为联结纽带,以股份制规划作为媒介和手段,形成风险共担、利益共享的命运共同体,才能形成和充分发挥企业集团的整体优势,达到组建企业集团的预期目的。

2. 核心企业发展壮大的途径是多维的,以总承包龙头企业取代核心企业地位是现实选择

发展和壮大核心企业是组建和完善企业集团的关键因素之一。核心企业在企业集团中居于主导地位,是一个实力强大、具有投资功能的集团核心。它可以是具有母公司性质的企业,也可以是实力雄厚的控股公司。然而,行业中,多数大型或特大型建筑企业都具有行政性公司性质,并不具备核心企业的功能和作用。组建和发展企业集团过程中采取企业总部直接发展经营的方式,企望以此壮大核心企业实力和规模,这一举措是在维护现有格局,保护各方既得利益的基础上萌发的。我以为,单纯以此发展核心企业的结果不会尽如人意,因为一个大型企业本部资源有限,难以达到核心企业的实力和规模要求。然而,另一种更富有成效的做法是对行政性管理职能进行改造,在平等、自愿的基础上企业本部和部分二级法人单位进行合并,并争取国有资产授权经营,成为既具有经营管理职能、又具有强大投资功能的核心企业。但是我更倾向于一种现实的捷径，即由大型建筑企业通过施工管理体制的改革、由多级法人向一级法人过渡，发展成为具有四位一体化功能的工程建设总承包龙头企业，以此作为企业集团的核心企业。国有资产经营授权给龙头企业，使龙头企业形成拥有强大经济实力和投资功能的控股公司，并通过对紧密层企业的全资入股和对半紧密层企业参股形成资产经营一体化的经济实体。这种选择有利于保持行业改革的连续性和政策的稳定性，有利于与多年改革积累的成功经验保持对接，从而避免另起炉灶。

3. 多层次组织结构的内涵及各层次之间以资产为联结纽带形成的、产权管理形式多层次的组织结构是企业集团的典型特征之一

多层次组织结构一般由核心企业（控股公司或集团公司）、紧密层企业（被控股的企业成员）、半紧密层企业（被参股的企业成员）和松散层企业（有固定协作关系的企业成员）组成。核心企业与紧密层企业是以资产为纽带，以资产权益关系为标志的母子公司关系，共同构成企业集团的主体：核心企业是龙头，根据对紧密层企业的资产关系进行投资控制、人事控制、战略计划控制和财务控制，并依据自己占有股份的大小分取红利。产权管理上若核心企业直接占有国有资产，则由核心企业董事会直接进行重大经营决策，聘请经理负责日常经营管理，紧密层企业是核心企业的全资或控股子公司，它包括行政划转给核心企业管理但具有独立法人资格和由国有资产管理部门授权核心企业经营其国有资产的企业。全资子公司的产权管理部门由核心企业委任的子公司董事会或经理人员按照"统一决策、分散经营"的原则实施经营管理。对于控股子公司和参股关联公司的产权管理，核心企业董事会按照所持股份比例委任直派董事参加其董事会工作，如被持股公司为公开发行股票、公众持股的股份有限公司或设立股东会的有限责任公司,则派员出席其股东会并依持股比例行使表决权,参与董事会,以此控制或参与其经营决策,保障国有股权的权益。为避免产权关系混乱,各级子公司均不得对母公司反向持股,但同一层次企业之间可以交叉持股,半紧密层企业是核心企业参股和紧密层企业的全资或控股企业(目前还可以包括核心企业长期承包)。租赁企业、松散层企业是由紧密层企业或半紧密层企业参股,或者与企业集团内的企业有互惠性的稳定协作关系。这种关联企业可以与核心企业没有资产关系,但承认集团章程并履行其职责,产权管理可比照前述诸种方式直接或间接控制或参与其经营决策。总而言之,企业集团成员之间必须通过资产纽带组成一个有机整体,形成生产、经营、技术、信息和服务等方面的利益关系,以保证企业集团整体优势的发挥。

4. 股权结构设置应保证国家股占控股地位,权力结构设置应符合三权分立原则

股份制企业集团可供选择的组织形式主要为股份有限公司和有限责任公司两类。但无论选择哪一类,前提都是搞好资产评估(包括固定资产、流动资金和商标信誉等无形资产)。就多数国有大型建筑企业而言,起步时以有限责任公司形式作为过渡,待条件成熟再转化为股份有限公司,这样困难会相对小一些,制约因素也会相对少一些,当然不排除有条件的企业直接采取股份有限公司形式。但无论采取何种组织形式,首先应很好地研究企业的股权结构。有限责任公司股权设置可分为国家股、法人股和个人股。国家股是指有权代表国家投资的部门或机构以国有资产向公司投资形成的股份或者企业现有国家资产折成的国家股份。国家股的多少直接影响股份制企业的公有制性质。按照股东权益大小取决于股份持有量的原则,国家股必须占51%以上的份额,在企业中达到控股

3.3 重点任务

地位,才能够通过委派董事会或参与董事会进行重大经营决策来影响企业发展方向。法人股是企业法人依法拥有可支配的资产向公司投资形成的股份,如在企业留利中生产发展基金形成的资产和用留利归还银行贷款及利息形成的资产,还应包括建筑企业工资含量节余投入生产领域的流动资金和固定资产的产权。承认国有企业也有自己独立的经济利益,是保证企业成为积累主体和投资主体的前提。法人股还包括企事业单位和社会团体以国家允许用于经营的资产向公司投资形成的股份。企业除向本公司投股外,企业之间也可以相互参股。但股份比例应严格限制,一般不超过10%,否则会影响投资企业分散经营风险,企业法人股总额应保持适度的比例。个人股是个人合法财产向公司投资形成的股份,一个自然人所持股份不得高于公司股份总额的5‰。定向募集公司内部职工认购的股份,一般应低于公司股份总额的20%。这样的股权结构可以保证各方代表参与企业的经营管理,而"风险共担,利益分享"的机制会促使各方代表各自的利益集体,行使职权和履行职责和义务,结成利益攸关的命运共同体。在实行股份有限公司时,除上述三种股外另增设外资股,即外国和我国港澳台地区投资者向公司投资形成的股份,外资股加法人股一般控制在20%~40%为宜。

股份制企业的权力结构一般是按照"三权分立"的原则设立股东会、董事会和监事会。这种新型的企业领导体制,从组织制度上界定了各自的职责权限,既相互制约又相互协调,从而有效地保证了内部机制的正常运行。这涉及一个棘手的问题:股份制企业中如何体现党委的地位和职代会的作用?在实践中,一些地区和企业采取的党政领导一体化、党政领导班子一体化、党政机构一体化的"两心合一"的做法值得借鉴。职代会作用可以通过监事会来履行,在"企业章程"中明确规定职工代表参加监事会人数不得少于三分之一。另一个需要重点探讨的问题是,各层次间的权限划分,尤其是核心企业和紧密层企业的权力分割。它们作为独立的法人单位都有自己保证履行责任的权利,而且应当保证权力角的完整性,但作为一个企业集团又有共同的经营目标和整体利益,存在资金、生产、经营、技术等多种联系,集团内每一个企业都必须服从服务于总体目标,并为实现此目标尽职尽责。权力应与责任相对等,核心企业原则上负责重大项目投资、集团战略经营决策和重要人事任免以及提供信息、咨询、科研和人才培养任务,而一般的经营管理权限应交给紧密层企业。分权的还应考虑授权者的能力和素质,根据需要和可能灵活处置。

对采取有限责任公司形式的股份制企业,因股东较少,可以根据两权分离的原则,设立精干高效的产权委员会,行使有关产权方面的权利,设立经营管理委员会即董事会,行使经营方面的权利,由企业职工代表大会行使监事会的职权。但无论采取哪种形式的领导体制,可以实行董事会领导下的厂长、经理负责制,都必须按照《规范意见》规范其行为,并注意保持与国际惯例的一致性和协调性。

3.4 发展纵论

目前,建筑业企业集团的发展方兴未艾,但在集团的管理体制、组织形态、功能完善、资产纽带、目标管理、运行机制、发展战略和外部环境改善以及配套政策等方面存在着认识上的偏差和实践上的误区,因而导致集团的发展既不规范,也带有很强的盲目性。本部分力图贯穿"两个转变"的精神,针对当前集团发展存在的主要问题,提出一些可操作性的思路和对策,希望对组建和改组企业集团有所裨益。

1. 建筑业企业集团在行业发展中的地位和作用

目前,集团热涌动的原因有两个。一是与我国国民经济处于前工业化时期的投资规模、结构特点密切相关,这一时期投资的重点是能源、交通、原材料等基础工业和城市生活、道桥和大型公建等城市基础设施建设,这种以注重"高、大、新、重"的外延、以扩大再生产为投资特点的形势要求建设力量必须与之相适应。二是改革开放以来,国门洞开,大量国际承包商进入国内市场,国内建筑队伍也积极跻身国际市场,在国际承包市场中角逐,由于在竞争中国内企业缺乏比较优势,因而国内企业必须壮大经济实力,完善综合功能,提高竞争力,因此,建筑业企业集团的涌现也是其自身发展的需要。

企业集团与集团企业在组织形态上相比具有明显的特征,如表3-1所示。

表 3-1 国际上企业联合的特征比较

项目	卡特尔	辛迪加	托拉斯	康采恩
联合范围	同行业	同行业	同行业	跨行业
总体法律地位	非法人	非法人	法人	非法人
联合纽带	契约	契约	资本一体化	资本连接
联合期限	暂时	暂时	永久	永久
联合目的	避免同业竞争	避免同业竞争	独占市场	独占市场
成员法人地位	保留	取消	保留	保留
协调控制范围	产品销售	供销	完全由托拉斯董事会控制	母公司控制 子公司由董事会控制

（1）联合范围。企业集团是跨行业、跨地区、跨部门的多个企业的联合体，实行多种产业一体化经营，而集团企业实行同行业联合，一业为主，实行产业的前后延伸。

（2）总体法律地位。企业集团本身不是法人，企业集团的核心企业占集团的主导地位，而成员企业保留法人地位，是个具有多个法人组织和多层次结构的企业集合体，一般实行"母公司—子公司—孙公司"体制，而集团公司本身是一级法人单位，其成员企业的法人地位取消，一般实行"总公司—分公司"体制。

（3）运行机制。企业集团内部通过计划机制和市场机制相结合来完成资源的配置，两者的比重取决于集团内部结构的松散程度；而集团企业无论规模有多大，仍是一个单体企业，因此，在其内部用计划或层级结构来实现资源配置。

（4）联结纽带。企业集团以资本为联结纽带，与子公司、孙公司分别形成控股和参股关系，建立起资产联结的有机联系，以增强集团的凝聚力，而集团企业实行资本经营一体化，一般多以工程项目为龙头，形成专业分工协作，以增强技术、经营上的紧密联系。

(5) 协调控制范围。企业集团母公司控制子公司，子公司控制孙公司，投资主体按持股比例派员参加其股东会，通过选举进入董事会，董事会一般只是贯彻母公司的意图，而集团企业完全由董事会控制，直接按公司股东会决议组织决策实施。两者相同之处是联合目的皆为独占市场，获得高额垄断利润；联合的期限为永久联合。显然，企业集团和集团企业在运作方式、管理体制、组织结构和产权管理等方面有着很大的差异。

建筑业企业集团是建筑行业的支柱企业，建筑行业支柱产业地位的形成有赖于行业支柱企业的不断发展壮大，这是支柱企业在行业中的特殊地位和作用所决定的。

(1) 建筑业企业集团代表着行业发展的方向和建筑生产力水平，是适应社会化大生产和社会主义市场经济要求的高级企业组织形态，由于其较强的包容性，它不仅能够将行业内众多专业化分工明确的企业集聚在一起，还打破行业、地区局限，实现跨行业、多国籍的经营拓展，在更大的时空范围内实现生产要素的优化配置，形成规模经济。企业集团的生产扩张和有效运行生产要素的能力，有利于提高行业生产力水平，在行业中发挥主导作用和骨干作用。据统计，1994年，全国26家最大经营规模的建筑业企业集团仅占全行业企业个数的0.28‰，而总收入和利润总额却分别占27.7%和31.6%。这表明，企业集团在行业中是具有举足轻重的地位和作用的。

(2) 建筑业企业集团是打入国际市场的重要力量，跨国经营是企业集团的重要任务之一，通过开展国际劳务合作，带动工程承包和物资技术及成套设备出口，进而发展实业开发和多种经营业务的拓展，提高国际市场竞争力，带动一批中小企业走向国际市场。据统计，"八五"期间，对外工程承包额中的90%以上是由建筑业企业集团完成的，随着国内国际市场的融合，企业集团在国际市场中的作用将更加突出。

（3）建筑业企业集团是国家重点工程建设的主力军，是为国民经济建设提供重要物质技术基础和改善城乡人民生活水平的主要力量。企业集团的综合实力和人才、技术、管理优势使其拥有了在国家重点建设中不可替代的突出地位和作用。如跨世纪的三峡工程和举世瞩目的京九铁路建设是一般中小企业可望而不可即的。

（4）建筑业企业集团是行业科技进步和现代化管理方法和手段运用的推动者和先导者。企业集团以规模经济为载体，其实质是依靠生产规模的扩大而带来的生产投入的节约，企业规模越大，实力越雄厚，研究开发和运用最新科技成果和管理方式的可能性越大，越容易实现资源和生产力的最优配置，因而集约经营的作用也就越来越显著。

综上所述，建筑业企业集团作为建筑业的支柱企业，其规范发展具有重要意义。我们认为，建筑业企业集团的基本特征包括如下内容。

（1）资产纽带和母子公司架构；

（2）具有多层次组织结构；

（3）技术资金密集，属于管理型公司形态；

（4）实施多国籍企业经营战略；

（5）跨行业联合，实施多角经营战略；

（6）积极推进科技进步和企业集约经营；

（7）具有弹性的经营机制，建立自动平衡调节机制；

（8）实行产业资本与金融资本相结合，具有投融资功能；

（9）完整的权力结构，如总承包权、外事审批权、融资权、房地产开发权等；

（10）比照合资企业和特区企业，具有一定的行政管理权限，拟改组和新建的企业集团必须符合企业集团的基本特征，才能取得资格认证和注册,才能成为市场运作主体,参与市场竞争。

2. 建筑业企业集团发展面临的困难和问题

我国建筑业企业集团是在新旧体制并存,两种机制交互作用的背景下逐步发展起来的,对建筑业企业集团的理论以及组织管理制度和运作技巧的认识和体会还很不完整,集团的功能和实力根本无法与国际知名的大型工程承包商相提并论。从国际惯例来看,作为企业集团的建筑承包商一般具有规模庞大、资金雄厚、多元化跨国经营等特点,年营业额大多在数百亿美元以上,合同金额更高。如此,其才有资格参与国际竞争,成为名副其实的建筑业企业集团。我们不妨将日本的大成、清水、熊谷、竹中、大林、鹿岛六大企业与我国中建、铁道、铁路、中冶、深圳控股、上海建工六大企业做一个比较(见表3-2)。

表 3-2　　　　中日六大建筑企业主要指标比较　　　　单位:亿美元

单位	总资产	资本金	总营业额	利润	职工人数(人)	生产率(万元)
日本	236.93	7.45	163.45	8.93	12369	132.15
中国	20.94	2.10	16.78	0.13	211475	0.79
差距(倍)	11.30	3.50	9.70	68.70	1/17	167.00

注:1美元=8.3144元。

分析表3-2,我们可以看到,日本建筑业六大综合企业职工平均人数仅为我们的1/17,总资产为我们的11.3倍,而利润和劳动生产率却分别是我们的68.7倍和167倍。如果将日本清水公司与上海建工集团相比:总资产为253亿美元,是上海建工集团10.74亿美元的23.56倍;资本金为7.4亿美元,是上海建工集团1.09亿美元的6.8倍;营业额为209.4亿美元,是上海建工集团7.4亿美元的28.3倍;利润为14亿美元,是上海建工集团0.12亿美元的116.7倍;职工人数为12139人,是上海建工集团72167人的1/6。上海建工集团作为中国建筑业企业的六强之一尚且如此,其他企业的差距之大可想而知。承认差距,正视落后,积极寻求振兴和强盛之策,不仅是我们探索中国建筑业企业集团发展的题中之意,也是我们试图推进大公司、大集团成长和小型企业、微型企业发展的建筑业二元经济模式的契机。

因此,一定要坚持高起点和高标准,力图使我国建筑业企业集团在一个较高的层次上就位,缩小比较差距。我们设想,为了较快地提高建筑业企业集团的水平、规范其发展、避免一哄而起,行业资源布局分散而造成浪费和运用的低效率,参考世界发达国家先进建筑业企业集团水平,结合我国行业特点和企业的实际情况,经测算,我国建筑业企业集团的标准量的规定如下所述。

(1) 企业集团的核心企业至少应有5个以上的全资子公司,成员单位在20个以上,其中紧密层企业应不少于10个。

(2) 企业集团总资产至少在50亿元以上,其中净资产应占30%以上,核心企业资本金在8亿元以上。

(3) 企业集团年总营业额应在100亿元以上,其中建筑业营业额应占60%以上,对外工程承包营业额应占20%左右,多元经营收入比重不低于20%。

(4) 资本金利润率应在30%以上。

(5) 具有多层次的组织结构,具有完善的集团章程和规范各成员企业的管理制度。

(6) 以资产为联结纽带,建立母子公司体制,建立有效的集团内部运行机制和资本运营管理体制。

(7) 拥有行业最先进的科技装备和现代化管理手段及方法,是行业先进生产力的代表。

(8) 技术资金密集，熟悉运作大公司、大集团的方法和技巧，按国际惯例规范运转。

我国建筑业企业集团的数量已逾千家，其主体是由中央部属的工程总公司（工程局）各省、市的建筑总公司所构成，某些地方实力稍强的工程公司以及部分乡镇建筑企业也力图进行集团包装。集团过多、过滥不仅有害行业资源的优化配置，延缓合理的行业组织结构的形成，而且那些不具备条件的企业集团本身由于成员企业之间通过市场化运作，将加大相互间的交易成本，影响集团的整体效益。当然，在这些参差不齐的企业集团中，不乏一些颇具规模、实力较强、接近于建筑业企业集团的一般标准、发展较好的集团，但更多的与真正意义上的建筑业企业集团相差甚远。这些企业集团存在一些问题，主要表现在以下四个方面。

(1) 集团经济实力不强。有相当一部分集团的年营业额不过数亿元，资产不过几千万元，资产负债率高过85%，产业结构单一，全部或绝大部分为施工产值，徘徊在亏损与微利之间，市场竞争力差，有的充其量只能是一个放大的工程公司。这样的企业显然不是集团，而且迟早会被大型公司或集团所兼并或重组。因此，我有必要在此重申，实力不强、体量弱小的就不能称为企业集团。

(2) 集团的凝聚力不强。多数集团目前尚未建立起清晰的资产纽带，在集权与分权的关系上存在着尖锐矛盾，集团内部专业化分工的水平不高，大而全、小而全的现象十分突出，缺乏能够有效调动积极性的利益机制。有的集团成员在弱小时挂靠集团，在实力稍强时便欲自立门户，有些集团的核心企业承袭旧的体制，以行政干预侵犯了成员企业的经营自主权，造成"离心"现象，在利益分配问题上也缺乏规范。尽管目前已有一些省市的建筑业企业集团取得了国有资产授权经营，但在如何增强集团凝聚力，明确资产经营的权责关系方面，尚未取得明显的进展。

(3) 内部管理体制不规范。许多单位虽名为企业集团，但实则为单体企业，其成员单位多不具有法人地位，并未实行"母子公司"体制，在治理结构设计上既不科学、也不规范。由于历史原因，有些集团核心企业在组建过程中发展不快，集团内原有的行政隶属关系和利益格局在短期内难以突破，在相当程度上，还沿袭了旧的管理体制，致使某些集团徒有虚名、流于形式。

(4) 集团发展模式趋同，缺乏特色。目前，国内大多数省级的建工局或建筑总公司已改制并组建建工集团，在模式上一般是在原行政管理层的基础上扩充实力，构建核心企业，在组织形式上采用国有独资公司形式，其紧密层企业为原直属企业，再辅以各类半紧密层企业和松散层企业。中央部属专业总公司的改制情况也基本相同。由于其各自组建的起点等基本条件相似，因而在模式上也基本相近，缺乏特色，呈趋同化趋势，无法形成各具特点、分工明确、具有某种垄断性质的大集团和大公司。

3. 建筑业企业集团的功能构造及形成途径

建筑业企业集团的发展目标是实现经营国际化、产业多元化、管理集约化和组织集团化，充分发挥集团技术互补的组合效应、专业分工的规模效应、资金运作的放大效应和整体效应，因此如何利用"五改"合力不断完善集团功能、壮大集团实力、充分发挥集团在行业中的作用，是集团发展过程中需要研究的一个重要课题。

(1) 集团的发展战略。我国建筑业企业集团要在行业中成为支柱企业，逐步实行多国籍和跨国经营，跻身于国际承包商之列，参与国际竞争，必须制定集团长远发展战略，分析研究国内外固定资产投资规模和区域布局、市场发展趋势、产业之间的相互渗透和交融、科技进步和现代化管理方法的现状及对未来经济增长质量的影响、国际汇率变动趋势，应依据国际、国内经济今后10年甚至20年的发展走向，站在较高的层次，全方位、大视角思索和积极寻找对策，包括制订人才培训规划、技改规划、科研规划、企业重组、产权重构、营销策略及配套服务等相关的配套政策和措施，以指导集团的发展，为企业不断进取注入活力。

（2）集团的组织结构。企业集团是由多个法人组成的经济联合体，一般由核心企业、紧密层企业和半紧密层企业及松散层企业等四个层次的企业构成。核心企业在集团中发挥主导和龙头作用，具有强大的经济实力和融投资中心功能，从目前实践看，核心企业多数是大型的生产或流通企业，也有部分是资本雄厚的控股公司。核心企业与集团的其他成员企业各自都具有独立法人资格，共同组成巨型联合企业。为增进企业间的联系和强化其利益的一致性，集团的核心企业原则上应通过一定程序接受国有资产授权经营，成为独资有限公司，在此前提下，核心企业通过向其他成员企业投资、入股、持股和参股，形成以资产为连结纽带的有机整体，以增强集团的凝聚力，核心企业应转变职能，强化总部组织机构改革，按照事业部制和职能部制相结合的原则，增强部门的经济责任。

（3）集团的运行机制。企业集团是以若干具有独立法人地位的企业产权为纽带形成的企业联合体，因此，各个成员企业之间虽然在法律上是平等的、相互独立的，但在决策过程中要受到一定约束。如果说大公司、大企业内部都是严格的计划管理（层级结构），那么在企业集团内部则是层级结构与市场机构的结合，因为核心企业与紧密层企业具有资产控股与被控股的关系，因此层级结构适当强化，而市场机制则应相对弱化；核心企业与半紧密层企业是参股与被参股关系，这种较为松散的资产关系，决定市场手段应强于计划手段。

(4) 集团的产权管理。核心企业通过向紧密层企业投资入股、控股，以产权为纽带，建立起母子公司体制，并以母公司的身份依据《公司法》和其他有关法规对控股、参股成员行使股东权利，主要职能包括：集团发展规划、扩资与减资、资产变动和重组、重大投改投资、进出口贸易及有关外事活动、国有资产的保值与增值、对紧密层主要管理者使用。集团内部的运行主要应通过产权管理来体现：一是集团核心企业直接占有国有资产，集团核心企业董事会直接进行重大经营决策，并委聘经理进行日常经营管理。二是对具有独立法人地位，但由核心企业拥有全部产权的全资子公司，由核心企业委任的子公司董事会或管理人员，按照统一决策实施经营管理。三是对于核心企业控股和参股公司，按持股比例委任董事参加其董事会工作，如被持股公司是股份有限公司或有限责任公司，则派员出席其股东会，并按持股比例行使表决权，选举董事会，以此控制或参与其经营决策，保障出资者股权的正当权益。这里应注意子公司不得向母公司反向持股，以避免产权关系混乱。四是对核心企业所属的二级以下的子公司或交叉持股公司，可以参照上述诸方法直接（或间接）控制，或参与其经营决策。

(5) 集团的内部运作。集团内部管理决非一般生产经营管理，必须学会运作大公司、大集团的管理方式和技巧，集团的有效运作应特别注意把握下述几个问题：一是集团内部的集权与分权。首先要处理好核心企业与紧密层企业的集权与分权，既保证集团目标的实现、又不致损害所属企业法人财产权的行使，集团成员均应拥有《条例》赋予的经营自主权，按照《公司法》规范自身行为。由于集团是个有机整体，有共同的发展目标和整体利益，又不可能完全放任子公司、孙公司的自行发展，甚至对所属成员有违集团发展的行为视而不见，正确处理集权与分权关系应坚持"统一决策、分层管理、宏观管住、微观放开"的原则。集权应以不损害企业法人财产权为限,分权应以不影响集团总体目标为限。二是集团目标管理。核心企业对集团成员的管理应是一种集团战略目标和发展方向的监控与实施,对集团的发展目标进行层层分解,形成决策、执行、监督、控制与反馈的闭合管理回路,随时发现和纠正偏离总体发展目标的越轨行为,保证集团利益不受侵害。三是集团资产运营的管理。实施大公司、大集团战略,必须由过去偏重于以考核产值指标为主要内容的生产经营承包向以考核资产营运效益的责任制度转变,集团成员应主要承担核心企业作为股东的投资回报责任,资产经营责任指标应包括资产报酬率、资本收益率、资产负债率和资本增值保值率,通过对资本价值形态的变化来检验各成员企业经营业绩并决定对其奖惩。四是市场营销策略的管理,这种管理旨在增强市场研究力度,制定经营策略,对集团成员经营开拓提供导向性意见,把握市场变化趋势,分析基本建设投资规模、结构和地区分布,掌握市场营销策略和技巧,提高市场占有率。尤其分析国内国际市场的交融,深刻认识已经形成的国境内的"国际市场"。建筑业企业集团必须面对国内国际两个市场,成为开拓国际承包市场的主导力量,推动中国建筑业走向国际市场。

企业集团的形成途径是多维的。从理论上讲,企业集团主要是通过市场的不断竞争、优胜劣汰、优势互补,为独占市场、获得市场的垄断利润而逐步形成的一种企业间的联合。但是,由于我国建筑业企业集团多数是在企业就地改造而非投资新建的条件下形成的,因此,结合目前实践,组建建筑业企业集团的主要途径应有联合、兼并、投资入股、收购、资产划转、债权转股权、破产等方式。

(1)联合。走联合的发展道路,是当今世界经济发展的大趋势,它不仅有利于壮大集团的经营规模,也有助于完善集团功能。过去企业之间为扩大市场占有份额,增强对市场的垄断地位的联合及以工程承包和专业技术分工或以经营销售为联结纽带,这不利于提高集团的紧密程度,往往是有利可图时聚合、无利可图时各奔东西(尤其是面临风险时,则同床异梦),解决这一严重妨碍集团作用发挥的途径是走以资产为纽带的集团发展道路,实行跨地区、跨行业资源流动和产权重组,通过产权纽带,形成命运共同体,保证集团经营的统一性和管理政策的协调性。

(2)兼并。这是实现集团迅速壮大、推动企业存量资源流动,实现社会资源优化配置的重要途径,兼并既可以通过收购劣势企业股权达到控股,对被兼并企业进行组织结构调整和进行资源重新分配,适应集团经营的发展需要;也可以采用投入式兼并,即向劣势企业投资入股,达到控股地位,依据集团总体目标对其进行改组,实现资源优化配置。

(3)投资入股。投资入股即以一个经济实力强大的企业为核心,逐步向其他企业投资入股、控股、参股,形成不同层次的控股企业、参股企业等多层次企业组织结构,随着这种对外投资行为的不断进行,最终形成规模经济的企业集团。这种依据市场规律和企业发展需要而形成的投资入股式的企业集团从根本上克服了"拉郎配式"的企业间行政性联合,更具有生命力和市场活力。

(4)收购。根据壮大集团规模和完善团功能的需要,核心企业向外出资购买那些具有一定资源的企业(如土地、设备、厂房、熟练的员工等),以实现集团资源的重组。更重要的是,其在收购产权的同时,也占有了被收购企业已经拥有的某一特定市场。这里必须指出,对外投资应是核心企业的功能、行为和权力,其他各成员应按照集团的总体要求控制其对外投资。

(5)资产划转。这是一种政府行为,在目前新旧体制转换过程中,为迅速壮大集团经营规模,扶植经济效益好、产品有竞争力的企业集团的形成,也是一种有效的捷径。产权划转应视核心企业的需要和可能,按照有关政策规定和一定程序向政府提出申请,由政府根据市场发展需要,并充分考虑国际竞争、资源优化配置和产权重组的要求,将企业产权直接划转给核心企业,委托其进行资产经营。

(6) 债权转股权。那些意在发育形成企业集团的企业可利用对其他企业所拥有的债权转化为股权,并达到控股目的,通过对其改造和产权重组,结构调整和资源的再分配,扩大企业经营规模,实现集约化经营。但必须强调的是,那些不良债权或产品市场前景暗淡的企业债权不能转作股权,如果这种债权转为股权,可能造成产权的凝固和呆滞。较为明智的做法是采取资产抵押等措施。

(7) 企业破产。对那些经营不善、管理混乱、扭亏无望的企业,应实行企业重组或破产,将那些被淘汰的、劣势企业的资源转移到有发展、有市场、有活力的企业,通过这种资源积聚和资产流动、重组,发育形成一批企业集团。企业破产有利于行业资源的适度集中,这将有助于行业支柱企业的形成,通过其主导作用的发挥,推动整个行业的发展与进步。

4. 建筑业企业集团发展的外部环境和配套政策

建筑业企业集团在发展过程中不仅面临自身条件的限制,更受制于外部政策环境的阻碍,尤其在建筑产品价格政策、建筑市场无序运转、企业集团的资产重组、产业结构、组织结构调整、投融资功能完善等方面面临着诸多因素制约。因此,改善外部环境、创造宽松政策条件是建筑业企业集团发展中迫切需要解决的重要任务。

(1) 建筑产品价格全面放开,分步实施,逐步到位。建筑产品价格改革16年来未能取得重大突破,40年一贯制的定额取费制度,是制约行业长期难以摆脱计划经济体制束缚的重要原因。《中共中央关于制定国民经济和社会发展"九五"计划和 2010 年远景目标的建议》提出，实现今后 15 年奋斗目标，关键是实现计划经济体制向社会主义市场经济体制转变，市场经济的本质是竞争，而竞争的核心是价格。没有建筑产品价格高低比较和取舍，优胜劣汰的机制就难以形成，市场机制也不可能发挥其配置资源的作用，竞争就无任何意义，进而市场经济也就失去了存在的基础。当然，由于国有大中型建筑业企业先天不足、包袱沉重、社会负担重，难以与非国有企业在同一起点竞争，这种建筑产品价格的全面断然放开，在近期会造成对国有企业强烈冲击，同时也为目前混乱的建筑市场普遍疯狂压价、低价中标火上浇油，但是始终只在比价改革上做文章，而迟迟不能从价格形成机制上釜底抽薪，何时才能使行业从计划经济阴影下走出。没有充分的竞争，又如何促进行业资源的流动、实现产业组织结构的合理化，进而促进行业企业集团的形成。实现建筑产品价格放开的目标不可久拖，但鉴于现状，应在部分工程或部分取费项目和部分条件比较成熟的地区实行价格的全面放开，待时机成熟，可以一步到位。

（2）建立公平竞争的市场规则，推行工程建设总承包制和总分包管理。建筑市场混乱是继建筑产品价格之后制约行业健康发展的第二大因素。解决建筑市场竞争无序，不能从基建投资增量上寻找出路，这是由财政拮据的状况所决定的。唯一的解决办法是控制基建力量的盲目扩张，这需要改进企业资质管理办法，建立新的建筑市场准入制度，如建立高风险制约机制，通过分权或中介组织实施资质认证和注册制度，同时必须辅以严厉的制裁措施，对那些挂靠、炒卖转包工程行为予以重惩。建立新的市场准入制度，在限制施工队伍无限膨胀的同时，注重产业结构的调整，将行业剩余的劳动力和其他闲置资源转移出去，以保持基建力量与基建任务规模和结构的大致平衡。加大建筑市场治理力度，改革固定资产投资体制,推进建设项目业主负责制、资本金制、招标投标制、合同管理制和工程监理制。实施工程总承包建设和总分包管理,提高建筑业企业集团经营规模和水平。

(3)赋予建筑业企业集团国有资产经营授权和有助于推进企业集团发展壮大的相关权力。企业集团改组必须与公司制改组和集团存量资源优化配置相结合,培育和形成集团成员企业的投资主体,以出资者的身份享有资产收益、重大决策和选择管理者的权力。集团公司拥有国有资产经营授权,有助于集团内部通过控股、参股形成以资产为联结纽带的母子公司体制,保证集团经营战略目标的实现。建筑业企业集团一般为生产经营与资产经营相结合的组织形态,为了充分发挥核心企业在集团发展中的主导地位和作用,应允许其按照国际化的经营发展思路,并赋予其外事审批权、自营进出口权和对外工程承包权,通过对国际承包市场的拓展,进一步带动技术、物资和成套设备的出口。同时,国家应给予资金和信用的支持,以尽快实现国际与国内承包市场的对接,提高我国建筑业在国际建筑市场的占有份额和竞争实力。

(4)突破行业壁垒,在市场准入、管理权限和经济政策上实行按行业归口管理。实施多角化经营战略是任何一个市场经济条件下企业的必然选择,建筑业企业集团必须走出单一施工的狭隘生存空间,积极向其他产业和经营领域扩张。要注重项目可行性研究,优选项目,充分利用现有科技成果、地理自然资源,依托城市,以市场为导向,以追求效益最大化为目标,发挥技术、管理、人才和设备优势,提高经济增长的质量和效益,提高抵御市场风险能力和企业积累水平。但是,必须明确建筑业企业集团肩负着振兴和发展建筑业,使之成为国民经济的支柱产业的重任。因此,行业的振兴只能从行业自身寻找出路,而不可能寄希望于多样化产业的拓展。显然,为了扶持建筑业企业集团的发展,应赋予

> 国有建筑业企业改革

其房地产开发权和工程总承包权,先从主业两头延伸起步,逐步向高档次、高水平、高质量的项目及产品转化和发展,以形成企业经济规模,以大幅度降低成本,提高企业集团的效益和总体经济实力。

(5)推动产业资本与金融资本的融合,建立建筑业企业集团资金补充机制。建筑业企业集团是多功能、跨行业、多门类的综合性企业联合体,为适应多国籍经营的要求,必须壮大资本实力,使其具有融资和投资功能,因此应允许有条件的建筑业企业集团试办财务公司,发行企业债券、公开向社会直接融资,或向金融机构间接融资,甚至向国外直接筹措发展资金,建立起企业资金补偿的有效机制。同时,要建立有效约束机制,接受管理和监督,提高资金的使用效率和效能。企业集团内部应注意资金聚合作用,充分发挥资金运作上的放大效应和整体效应,强化集团的投资主体地位,避免多层次投资主体形成,造成投资的分散化和使用低效率。企业集团应开辟多条途径,在扩大财源和进行资金扩张的同时,提高自身的积累水平。同时,企业集团应注意结合公司制改组,加大各成员企业组织结构调整,进行内部资源的合理流动,实现产权的优化重组,以充分发挥现有存量资源的作用,提高其利用效率。

(6)建立行业科技发展基金,推动建筑业企业集团科技进步和集约经营。建筑行业的劳动密集型特征制约了建筑业企业集团竞争实力的提高,也是造成企业资本有机构成低、粗放经营的重要影响因素。应建立扶持和推动建筑业支柱企业提高管理水平和技术实力的行业科技进步基金,增加对大型企业集团的科技投入,加强建筑科技研究,增加科技储备,将科技进步与施工生产紧密结合,促进科技成果向现实生产力转化。积极引进吸收和消化国外先进适用的科技成果,建立推广应用新技术、新工艺、新材料、新设备的机制,加快企业技术改造和设备更新。建立行业科技奖励基金,促使科技人才脱颖而出。建筑业企业集团必须转变经济增长方式,强化企业集约经营,促进建筑业生产力水平的进一步提高。企业应以追求效益最大化为目标,以市场为导向,不断调整和修正集团经营战略,充分利用现有存量资源并提高其效能和效率。强化企业经营者的培训和继续教育,提高政策理论水平和决策的科学性。应强化不同层次、不同岗位的员工的职业教育,提高全体员工素质,提高企业集约管理水平。集约经营必须以规模经营为载体,规模经济的实质是随着生产规模的扩大而来的生产投入的节省,企业规模越大,实力越雄厚,研究开发和充分运用最新科技成果和管理方式的可能性越大,越容易实现资源和生产力要素的最优配置。因而集约经营的作用越显著。科技进步与集约经营相互联系、相互促进,两者有机结合可以推动企业集团经营水平的不断提高。

3.5 组织结构调整

建立社会主义市场经济体制,为建筑业的改革与发展提供了良好的外部环境和有力支撑,建筑业要发展成为国民经济的支柱产业,必须进行包含许多相互联系的系列配套改革,其中行业组织的调整是重要内容之一。本部分主要讨论:行业组织结构调整的方向和目标,企业两极发展的背景、特点和成因,以及行业向二元经济结构模式的演化趋势。

1. 建筑业组织结构调整的方向和目标

建筑业组织结构调整的方向应符合建筑业发展的总体思路。建筑业发展的总思路是通过四个调整,促进四个转变,达到三个提高,使全行业从量的扩大转向质的提高,逐步走上稳定、协调发展的良性循环轨道。

(1) 四个调整:一是调整行业规模和结构,使行业的总体规模同完成全社会固定资产投资总规模相适应,施工队伍的专业结构同投资的产业结构相适应,施工队伍的地区布局与社会生产力的地区布局相适应。二是调整企业组织结构,在全行业内逐步形成四个层次分工协作、互为补充的组织结构(即具有较强融资、投资功能和向国际承包市场扩张能力的超级跨国企业集团,集科研、设计、施工、采购于一身的工程建设总承包企业,独立承包任务的施工企业和专业分包企业,提供劳务的施工企业)。三是调整劳动力结构,强化建筑劳务基地建设,使企业形成以自身技术工人为骨干,以合同制工人为主力,以农民工、临时工为补充的弹性用工结构。四是调整企业经营结构，形成以主业立足，多种产业并举的经营格局。

（2）四个转变：一是建筑业在发展目标上要从速度增量型向质量效益型转变，提高积累水平和增强发展后劲，逐步壮大行业的经济实力。二是在发展方向上要由物质投入主导型向科技进步主导型转变，注重内涵扩大再生产，提高建筑产品技术含量，科学技术是建筑业发展的主要推动力。三是在队伍构成上要由劳务密集型向智力密集型转变，提高工程总承包能力和队伍的总体素质，尽快与国际承包市场接轨，提高国际承包市场竞争力。四是在管理方式上要由粗放经营向集约经营转变，推进生产要素的有序流动和优化配置，提高效率和规模经济效益。通过上述转变来提高全行业素质、提高工程建设质量、提高建设投资效益、推动建筑生产力水平的不断发展。

建筑行业组织结构调整的目标应逐步向四个层次的企业形态演化。建筑企业集团是由若干相对独立企业和事业法人按其资产和权益关系组成的具有共同利益的有机整体，企业集团内所有成员单位必须具备独立的法人资格。企业集团具有多层次的组织结构和功能结构，包括核心企业（投资中心）、紧密层企业（利润中心）、半紧密层企业（成本中心）和松散层企业，各层次企业通过资产纽带组成有机整体，形成生产、经营、服务、技术、信息等方面的利益关系。企业集团中的核心企业统一接受国有资产经营授权，建立核心企业与紧密层企业之间的产权关系，使紧密层企业成为核心企业的全资子公司或控股公司，增强集团凝聚力，发挥集团整体优势。企业集团还应具备融资、投资、对外经营和工程总承包功能以及具备较强的设计、科研、培训、信息等开发能力，成为产业多元化、管理集约化、经营国际化，集多种功能于一体的超大型跨国集团公司。这类企业主要由中央部属的总公司类型的企业改造而成。

工程建设总承包企业：其规模、能力、功能和水平都逊于企业集团的、具有较强综合承包能力的、一级法人资格的大型企业。实现了由劳务密集型向技术、资金密集型的转变，具有科研、设计、施工、采购甚至包括前期经营在内的一体化功能，主要经营业务活动在国内展开，达到了一定的规模经济水平和实力。总承包企业的发展壮大与功能的逐步完善是当前行业组织结构调整的主导方向。这类企业主要由工程局和省、区、市类企业改造而成。

工程建设专业承包企业是具有较强专业承包能力的一级法人企业。这类企业量大面广，主要经营业务活动限于某一地区展开，通过对现有工程公司类企业改造而成，以改变目前建筑企业大而全、小而全局面，形成按专业或工种分类的若干社会化程度高、专业性强的工程承包公司。

工程建设劳务分包企业主要依托企业集团或工程建设总承包企业，负责提供劳务或少量技术服务。这类企业主要由三级以下乡镇企业和其他企业改造而成。

上述四类企业将形成金字塔形的行业组织结构，通过专业分工、社会协作，共同承担并完成国民经济的建设任务，同时参与国际间社会分工，共同为推进世界建筑事业发展做出贡献。

2. 建筑业企业向两极发展的背景、特点及成因

目前，我国建筑业企业呈现向工程建设总承包企业和小型、微型专业承包企业两极发展的趋势。这种建筑行业组织结构的发展变化与我国现实社会生产力发展水平是相适应的。一个国家的社会生产力水平是以工业化水平为基本标志的。我国目前以农业为主，并尚且处于前工业化时期。这决定了全社会固定资产投资主要表现为外延扩大再生产，即设新点、铺摊子、建立工业基础和完善城市功能为投资重头，与此相适应

3.5 组织结构调整

建筑业组织结构调整的重点是发展总承包龙头企业。但是，由于我国社会生产力发展水平的不平衡性，不排除一些地区和城市已经具备了工业化和后工业化时期发展水平，这些地区（如东北三省、上海市等）工业体系完备、社会化程度很高，其固定资产投资主要表现为内涵扩大再生产，其目的：用于进行技术改造，设备更新，提高有机构成，与之相适应，行业组织结构调整应以发展专业化强，技术水平高的小型、微型企业为主体。显然，根据国家宏观经济发展变化进程，前期应以发展构建智力密集型总承包企业为主体，而后期则应以发展小型、微型化专业企业为主导方向，这是符合社会生产力水平发展客观要求的。

建筑业企业在向总承包企业和小型、微型企业发展过程中的主要特点如下所述。

（1）工程建设总承包企业的形成主要依靠外部力量的推动，即政府主管部门按照行业组织结构调整的要求，采取权（力）能（力）分离办法，先赋予那些具备了一定条件和基础的国有大中型企业工程总承包资质，促使其通过实践磨砺、锻炼，提高总承包能力，逐步实现权能合一；而小型企业、微型企业的形成主要依靠企业内在动力，主动适应市场需求和变化自发产生、发育形成。

（2）工程建设总承包企业的主体是由现有国有大型企业演变形成的，因为其现有能力和水平基础条件较好，通过改造和完善机制，能较快形成总承包能力；而小型、微型企业主体是由国有中小型企业和乡镇企业逐渐演变而成的。

（3）建筑企业向总承包企业和小型微型企业两极分化在沿海地区、经济开发区和工业基础较好的地区及城市趋势明显、速度较快，而内地和边远地区及城市则相对迟缓。

（4）发育较成熟的无论是总承包企业，还是小型企业、微型企业活

>> 国有建筑业企业改革

力强、机制灵活、均有较强的竞争能力和适应市场能力，综合经济效益明显，社会信誉度较高。

建筑业企业向两极分化符合社会主义市场经济发展需要和行业组织结构调整客观要求，有利于重构企业微观运行机制，其形成原因可以概括如下。

第一，计划经济向市场经济的过渡，促进了行业组织结构的变化。在计划经济条件下，建筑业企业的任务来源由国家计划分配，各个企业争项目争投，为了保证计划下达任务，队伍规模不断扩大，一旦任务完成，庞大的队伍规模保存下来，发生大量窝工时由国家补贴救济金养活；而在市场经济条件下，企业队伍规模、结构、布局必须与投资规模、结构和生产力布局相适应，改变队伍的刚性结构以便保持与瞬息万变的市场的较强适应性，这从根本上改变了企业资源的配置手段。

第二，建筑行业的生产和技术特点为行业组织结构的调整提供了内在的动力。建筑产品的固定性、单件性、一次性和施工的季节性、人员的流动，这些特点决定如果我们仍然采取大部队调迁和大兵团作战，势必造成资源的极大浪费。为了提高效率和效益，必然派出精兵强将，优化生产要素和进行动态管理，提高人员、资金、设备、技术等资源的利用率。

第三，符合国际承包惯例要求，实现与国际承包市场接轨。扩大对外开放和"复关"，在国外承包商涌入国门的同时，我们也会走向国际承包市场，但由于我们企业的体制、机制、经营方式和管理手段还不符合国际惯例要求，因而在国际承包市场上占有的份额与力量不相称，因此我们的管理体制改革也要求企业组织结构的调整必须加快，尽快从能力上形成一批具有国际竞争能力的承包商，实现国内国外一体化经营。第四，总承包企业的发育形成有助于推动建筑业生产力水平的提高。工程建设总承包企业是具有综合承包能力和多种功能的高级企业组织形态，是未来建筑业的中坚力量，它与建筑业企业集团共同代表着建筑业发展方向和建筑生产力发展水平，推动着建筑业向更高层次发展促进行业总体素质提高，为建筑业步入国民经济支柱产业轨道运行具有重要影响。而小型、微型建筑企业是一种专业性强、社会化程度高，具有高精尖特种施工技术和能力的企业组织，是未来建筑业的主力军。这类企业机动灵活，突击施工能力强，组织结构可塑性强，是大型和超大型企业的重要依靠力量。

第五，是社会化大生产发展的必然结果。改革开放以来，我国经济得到迅速发展，随着社会生产力水平的逐步提高，建筑业组织结构演变更为剧烈。因为社会生产越发展，要求专业分工越细，协作更紧密，从投资角度看也越分散。这也就是小型、微型企业生长发育的客观要求，尤其当以工业化水平为代表的社会生产力高度发展时这种演变趋势更明显。由当今一些已经进入后工业化时代的经济发达国家建筑业组织结构中的小微型企业占有很大比重的事实，就是佐证。

3. 建筑业组织结构向二元经济结构模式演化趋势

纵观当今世界各国建筑业组织结构，特别是经济发达国家的建筑业企业，不仅有较高的技术、资金密集度，而且均呈两极分布状态。例如，日本有51万家建筑企业，年营业额在100亿美元以上的超级建筑企业有6家，加上年营业额3000亿日元的中坚企业不过16家，大型骨干企业约1万家，不满10人的企业占77%；美国有138.9万家建筑企业，未满10人的企业占92.6%；英国有16万家建筑企业，7人以下的占89.3%；法国有33万家建筑企业，未满10人的占93.3%。从企业规模看，日本建筑业职工541万人，平均每家企业9.8人；美国建筑业职工为536万人，

> 国有建筑业企业改革

平均每家企业有 3.8 人；英国建筑业职工为 165 万人，平均每家企业有 10.3 人；法国建筑业职工为 163.7 万人，平均每家企业有 4.8 人。世界经济发达国家建筑业组织结构一般是：超级跨国企业集团占 1%，大型企业占 3% 左右，准大型企业占 5% 左右，小型、微型企业占 90% 左右。这种情况表明建筑业组织结构的发展变化是有其客观规律性的，因此我们应加强宏观管理，调整现有企业组织结构，促进其向合理化方向转化。

目前，全国建筑企业有 7.4 万家，从业人员有 2400 多万人，其中全民所有制企业有 4643 家，从业人员有 684.8 万人，城镇集体所有制企业有 9187 家、419 万人；农村乡镇建筑企业有 5.9 万家，从业人员突破 1400 万人，这样一支庞大的产业大军亟待从质上提高。按照现有建筑企业的规模和能力大致可以划分为中央部属总公司类、省（市、区）建总类、工程公司类和三级以下其他企业类，其发展方向分别如下。

（1）中央部属总公司类企业技术管理力量雄厚，装备良好，经营跨度大，建史长，积累了丰富的施工经验，初步具备了科研、设计、施工、采购一体化，国内国外一体化，多种产业一体化功能；主要问题是内部实行多级法人制度，体制不顺，利益矛盾较多，机制不灵活，社会包袱沉重，人际关系错综复杂，缺乏发展后劲。尚未形成分工协作，统一运行机制，而且多数企业依靠行政隶属关系为联结纽带，因此集团优势得不到很好发挥。这类企业的发展有三种可能：一是通过体制改革和机制转换，增强总承包能力，发育形成项目总承包企业，并进一步理顺产权关系，向高级企业形态演进，形成实力强大的企业集团，这是发展的主导方向；二是由多级法人向一级法人演化，逐渐形成施工总承包企业；三是多级法人制分化互解，向若干相对独立专业承包企业转化。

（2）省（市、区）建总类：这类企业素质较好，有一定技术装备和管理能（实）力，但这类企业多由原政府建设主管司局改换"牌子"而

3.5 组织结构调整

成,具有很强的行政管理公司痕迹,总公司内企业之间表现为松散的联合,技术互补性较差,科研设计力量薄弱,综合承包实力较差,这类企业可能有四种发展方向:一是通过总部职能转换,发展壮大总部直接经营实力,逐步向四位一体化的项目总承包龙头企业转化;二是通过内部组织结构调整,形成若干专业化施工队伍,增强总承包能力,向土建安装一体化的施工总承包龙头企业转换,这是发展的主导方向;三是总公司解体,重组形成智力密集度较高的专业承包企业;四是不排除少量的资质条件较差的企业逐渐演变成劳务分包企业。

(3)工程公司类:这类企业有一定经济实力和技术管理力量,职工素质较稳定,有一定的专业工程施工经验和水平,其发展可能有三种可能:一是通过深化改革转换机制,强化训练提高总承包能力和专业施工水平,逐步向技术性强的专业承包公司演化,这是发展的主导方向。二是少量企业发育形成施工总承包企业。三是适应市场需要和行业施工特点逐步向技术和劳务分包企业转化。

(4)三级以下其他企业类:其发展的主导方向是劳务分包企业,但不排除少量的、素质较好的向专业承包公司演化的可能性。

上述四类企业的发展方向和目标不是一成不变的,抓住机遇,充分认识自己的现实条件和基础,坚持改革,尽快调整企业组织结构、经营结构和劳动力结构,建立适应社会主义市场经济的企业管理体制和新的企业微观运行机制,只有做到上述几点,就可能在较高的企业层次上就位,反之亦然。这里的关键是企业自身的努力。

当建筑业企业集团、工程建设总承包企业、专业承包企业和劳务分包企业四个层次形成后,在一定时期内将保持相对稳定,之后还会发生进一步的演变。尤其是超大型企业或多国籍企业——企业集团的出现,由于其控制了大量资源,将造成建筑市场在地区空间上的重新划分,形成若干势力范围，造成事实上的垄断局面，增强中小企业的依附性。而施工总承包企业和一般专业承包企业受自身资质条件和所掌握的资源限制，只能局限于某一地区和领域承揽工程任务，将减少发展、壮大的机遇。这种压力迫使其需要向企业集团靠拢，以借助其力量获得发展契机；又需要化整为零，形成若干小微型企业，以增强市场适应性。在事实上，这可能造成专业承包企业与劳务分包企业走上汇合道路，共同围绕企业集团和总承包企业运转。总承包企业和企业集团是既斗争又联合的关系。随着社会化大生产的逐步发展，分工更细、专业协作的机会日益增多。那种独揽工程、独享利益的时代将不复存在，因此双方的斗争将被共同的利益所替代而逐步走向联合。这种较长时期的不断演变的结果，最终使建筑业组织结构走向二元经济结构模式（即以建筑业企业集团和工程建设项目总承包企业为中心，形成围绕其运行的成千上万家的中小企业群，呈众星拱月之势）。这一变化过程将促使建筑业企业在量上的急剧增加和规模上的大幅度缩小。只不过这个演变过程将是渐进的、长期的，大致与我国工业化发展进程相适应。其形成途径有两个：一是依靠政府推动，二是依靠市场调节。在其发育形成初期应重视政府力量，待市场经济秩序和有关竞争法规建立健全后，应由政府为主推动力转变为市场为主导、进行引导、调节，以避免非经济因素干扰，以形成合理的行业组织结构。